金子隆一
石井 太
編著

長寿・健康の人口学

人口学ライブラリー 21

原書房

はしがき

　今日の世界，とりわけ日本のような長寿国においては，誰もが人生の終盤に高齢期を過ごすことを当然と考えている。しかし，歴史上いち早く死亡率が低下した北西ヨーロッパの国々でも，高齢期を迎える人が半数を超えたのはほんの100年ほど前のことでしかない。日本ではさらに遅れて戦後のことである。それまでの社会では，大多数の人々に高齢期はなかった。わずか数世代の間に人生の長さと質，すなわち健康状態は大きく変わり，現在も急速に変わりつつある。健康で長生きすることは万人の願いであるが，それは同時に社会の生産性の源泉であり，国や地域の存立と発展をも支えている。本書は人々の寿命と健康について，人口学的視点から諸相を捉え，現在までに明らかにされた知見をまとめたものである。ただし，単に現象や方法論の記述にとどまらず，その社会経済変化との奥深い関係についての研究成果や，そこから見込まれる今後の展開をも射程に入れている。

　健康や寿命は，第一義的には疫学，公衆衛生学，医療などの領域で扱われる題材と考えられるが，今回人口学的視点からアプローチする意味は何であろうか。そもそも人口学とは何か。人口学の第一の特徴は，人々のライフサイクルを定量的に把握して，人口変動のシステムの中に位置づけることであろう。たとえば社会における人々の死亡・生存状況は，生命表というライフコースを模した統計モデルによって記述され，そこから算出される平均寿命や特定年齢までの生存確率などを用いることによって国による違いや，上述の歴史的変化などが捉えられる。それらの測定精度は，人間社会に関する統計の中では最も高いものと言える。人間という存在は科学をもってしてもわからないことが多いが，人口学が国や地域のレベルで捉えた人々の人生の輪郭はきわめて明瞭である。その中には人々の死に方，すなわち死因の実態をも含む。死因統計については，世界共通の分類体系を100年以上にわたって維持・発展させ，国際比較

に支障がないよう常に改訂作業が続けられてきた。そのようにして得られる知見は、長寿化、人口高齢化という人類未踏の地に分け入り、社会や経済の再構築を迫られる世界の国々にとって重要な道標であり、同時に科学的根拠に基づく政策形成の実践を支えるものでもある。

　ついで疫学や公衆衛生学とも共通する人口学の第二の特徴を挙げるとすれば、対象とする現象への学術的関心を越えて、社会経済変化とのつながりに強い関心を伏在させていることだろうか。とりわけ健康・寿命の研究では、社会において避けられるはずの健康や生存の損失を明らかにして、何とかこれを恒久的に防ぎたいという共通の意図を見ることができる。目の前の個人を救うとともに、将来にわたる社会を支えることの意義に関する信念が通底している。健康・寿命の格差を検出し、不自然な死因構造を見出し、それらを引き起こしている社会経済要因を特定することは、どれも政策的対応を促し人々の福祉と社会の前進に寄与する。人間社会は近代化を通して大方の感染症を制圧し、未曽有の長寿と健康とを手にした。しかし健康格差は未だに国内外に存在し、不必要な生存の損失は続いている。近年では経済格差の拡大にともなって、むしろ健康格差、寿命格差の拡大が懸念されている。また、経済のグローバル化を背景に、新興・再興感染症の発生・拡大の危険が指摘されていたところ、はたして2020年、新型コロナウィルスによる急性呼吸器疾患 COVID-19 のパンデミックが生ずるに至った。これを書いている 2021 年現在も世界に混乱が続いているが、今後、ワクチンの普及により COVID-19 の流行は収束へと向かうことが期待される。しかしながら、今後もこのような新たな未知の感染症発生の脅威がなくなるわけではない。今回露呈した社会経済の脆弱性も含め、私たちの健康・寿命をとりまく状況は未だに課題だらけであり、疫学や公衆衛生学などとともに長寿・健康の人口学が果たす役割が軽くなるということは当分ないだろう。

　本書は長寿・健康に関する人口学的視点を網羅するかたちで、9章から成り立っている。まず、基礎となる寿命・健康の歴史的な概観や基礎概念、指標や方法論の解説を最初の2章に配置し、続く2つの章で健康を扱うための代表的指標である健康寿命について詳しく見る。次いで死亡研究の特徴ともいえる死

因の研究に触れ，これを支える国際的な死因分類体系と時系列データの整備について解説する。ここまでで長寿と健康を人口学的に捉えるための準備が整うことになる。ただし準備といってもそれらは現象の本質を捉えるために長年集積されてきた知識・技術体系の解説であり，けっして退屈なものではないはずである。そして残る後半の4つの章では，前半の基礎知識を踏まえ，社会経済の中での長寿化あるいは健康問題に深く踏み込んでいく。まず健康・死亡と社会経済の関係，次いで近年関心が高まる健康・寿命格差を取り上げ，続いて人口高齢化や人口停滞・減少との関係を解説し，最後にそれらの将来像を検討する。全体を通して，私たちに身近な健康や寿命というテーマを人口学という視座から眺望することで，現象の本質が効果的に体系化されていることに，新鮮な驚きを得ることができるのではないかと期待する。以下では，読者が本書を効果的に利用できるよう，各章の内容を簡単に紹介しておきたい。

　第1章（長寿・健康の歴史過程と現代的意義）では，まず長寿・健康の歴史過程を概観する。そこでは古典的疫学的転換論を発展させた堀内の5段階説を用い，狩猟採集時代から将来にわたる寿命変化の全体像を把握する。次いで長寿化が私たちの社会経済にもたらしたもの，今後もたらすものについて考察する。長寿化は経済発展の帰結であるとともに経済活動の担い手の健康・生存状況を向上させることで投資効率を高めるなど，資本主義経済の発展をもたらした可能性があることが指摘される。また，今後は長寿化こそが高齢層の健康と生産性を向上させることによって，人口高齢化による社会の負担を軽減する方途となることが紹介される。

　第2章（死亡分析の方法（生命表と死亡モデル））では，死亡現象を記述し測定するために不可欠な生命表と死亡モデルについて解説する。まず，死亡分析の基礎となる人口統計や標準化手法を解説し，さらに精密な測定を行うための生命表について，その概念，指標，応用，作成法の観点から解説がなされる。生命表は死亡分析だけでなく，後続の章で述べられる健康寿命を始めとし，人口学で様々な応用がなされている重要な概念でもある。一方，死亡状況の測定の精密性を追求すると複雑性が増すことから，これを単純な法則や規則で表す

死亡モデルについても解説がなされる。死亡モデルも様々な応用が存在するが，とくに第9章で論じられる将来推計には不可欠なものとなる。

第3章（日本の健康寿命），および第4章（世界の健康寿命）では，社会の健康度を表す指標としての健康寿命を取り上げ，その概念や定義，ついで指標の動向，さらには研究動向について解説する。健康寿命について，「人生（寿命）のなかで健康に過ごせる期間」という概念は誰にも理解しやすいものだが，実用的な指標としての定義づけとなると専門家の間でもただちに合意は得られない。健康とは何を指すのか，また不健康の程度をどう測るのかなどについて様々な考えが有り得るからである。そうした困難を乗り越えて現在国際的に収斂しつつあるいくつかの指標について，第3章，第4章ではそれぞれの視点で詳しく解説を行っている。したがって，指標としての健康寿命に関心のある読者は，両章にまたがって解説部分を読むことで一段と深い理解が得られるだろう。

日本政府が推進する健康政策においては，実態評価や目標設定に用いる健康度指標として健康寿命が採用されるようになった。第3章ではわが国健康政策のそうした経緯と実際の指標動向を概観した上で，その背景を考察するため主観的健康度の日常生活動作への影響を調べた独自の分析結果を紹介する。一方，第4章では，健康寿命の世界的な研究動向を地域に分けて紹介する。ヨーロッパ，アメリカ，アジアなどの地域やWHOなどの国際機関では，健康に対する研究経緯や学術的，政策的関心の違いなどから，健康指標の開発に独自の展開が見られる。EUのhealthy life years（HLYs），米英の日常生活動作能力（ADL，IADL），WHOの世界疾病負担研究（GBD），中国での独自研究など，健康寿命の研究は多様性をもって進展している。また，それぞれの研究から得られる健康格差やその社会経済要因に関する成果についても紹介される。

第5章（死因別に見たわが国の長期時系列死亡データについて）では，死因分析として，長期時系列死亡データの整備に関する解説がなされる。一般に，死因別死亡データには国際疾病分類（ICD）の改訂に起因する不連続性があり，精密な分析のためには改訂前後で死因が一貫するようデータ系列を再構築する

必要がある。これにはフランス人口学研究所（INED）を中心として，再構築した長期死因系列を国際的データベースとして整備するプロジェクトが進行している。本章はその共通手法の日本への適用を詳説したものである。死因の長期的変遷の知見は，疫学的転換理論の学術研究に重要であるのみならず，公衆衛生行政や健康政策の推進に不可欠である。とりわけ長寿化の最前線を歩むわが国では，その将来像を見通す上でも必須といえよう。本章で第一線の国際研究プロジェクトの一端に触れることにより，死亡分析の奥深さを実感されたい。

　第6章（現役世代の健康・死亡と社会経済要因）では，生産年齢層，いわゆる現役世代における健康・死亡の実態とその社会経済要因について解説し，実際の分析を通して理解を深める。わが国はきびしい人口高齢化に直面しており，働く世代の健康を守り，生産性を高く保つことは社会存立の要となるが，いわゆる「失われた20年」の時期，現役世代の自殺の増加や精神疾患と関連する過労死が急増した。こうした問題に迫るため，ここでは健康投資の重要性を説くグロースマン・モデルをはじめとするライフコース疫学を紹介し，社会経済的地位（SES）と健康との関係を明らかにする実証研究をレビューする。ついで現役世代の健康要因に関して，調査に基づく計量分析を実際に行い，低いSES，脆弱な社会関係資本，心理的ストレスなどが心身両面の健康を損ねる要因であることを確認する。健康施策を考えるとき，社会経済的要因に対するアプローチが不可欠であることがよく理解される。

　第7章（健康格差と地域）では，健康格差，とりわけ地域間の格差に関する研究の経緯や格差の縮小に向けた取り組みの理論的，実証的裏付けについて解説する。健康格差の研究は，当初から政策と結び付き，社会疫学という分野を成立させた。健康格差の要因研究，たとえばある地域の所得格差拡大と健康水準との関係を考えるとき，所得分布の変化にともなう構造的帰結としての健康の平均水準の変化である「構成効果」と，所得格差拡大が地域・環境要因を介してすべての人々の健康水準を悪化させる「文脈効果」を峻別する必要があり，従来の回帰分析に代えてマルチレベル分析が必要となる。一連のアメリカの研究では実際に文脈効果の存在が確認されている。これは，地域特性（文脈）に

働きかけることですべての住民の健康水準を向上させることが可能ということを含意し，「健康日本 21（第 2 次）」の基本方針に健康格差の縮小が取り入れられたことは合理的といえる。

　第 8 章（長寿化の帰結）では，日本の長寿化と人口高齢化の関係を人口学的に検証し，その社会保障への影響と経済・労働市場への影響，ならびにライフサイクル・ライフコースへの影響を論じる。日本の長寿化は，乳幼児死亡率，子どもの死亡率，高齢期死亡率と，時代によって異なる年齢層の死亡率改善を経験しつつ，寿命の男女差の変化をともないながら達成されてきた。長寿化による生存確率の上昇は，男女の結婚年齢や離婚率の変動などと相まって，ライフサイクルに影響を及ぼしてきた。人口学では，このような変化の分析に従来から関心が持たれてきたが，結婚の生命表分析，配偶関係別多相生命表分析などの方法論的発展がなされており，本章では，このような人口学的分析を通じて，日本人のライフコースが典型的で均一なものから，多様なものへと変化してきたことを解説している。

　最終となる第 9 章（わが国の寿命の将来）では，人口学的な死亡率の将来推計に目を向ける。最近，「人生百年時代」という言葉をよく耳にするようになったが，2019 年の簡易生命表による平均寿命は未だ男性 81.41 年，女性 87.45 年に留まっており，「人生百年時代」が目前とするならば，今後寿命が急速に延びるとの楽観的な見方に立つ必要があろう。しかしながら一方では，寿命には限界があり，平均寿命はもはや延びない，あるいは，今後縮小さえするのではないかとの，将来の死亡改善に関する悲観的な見方も存在している。本章では，人口学における将来推計の基礎となる「人口投影」の考え方について述べるとともに，国立社会保障・人口問題研究所が行ってきた公的将来人口推計における将来死亡率推計をひもとくことにより，国際的にトップレベルでありながらなおも延び続けるわが国の寿命ならではの，世界でも経験のない未知の領域へと進み続ける長寿化の将来を推計するという困難な課題への挑戦について解説する。

　本書は，全体を通じて定量的な視点から健康と寿命に関する問題点を浮き彫

りにし，その問題に対して人口学がどのようにアプローチし，何が明らかとされてきたのかについて，わかりやすく解説することを意図したものである。長寿・健康に関する第一線の人口学研究者による解説書として，大学・大学院で教科書・参考書として広くご活用を頂けるものと期待している。もちろん，本格的な健康・死亡に関する人口学的研究を行うためには，さらに進んだ方法論や実体人口学の知識が必要となるが，本書はその第一歩を踏み出すための大きな足がかりとなるだろう。本書を通じて，健康・死亡に関する人口学的研究に少しでも多くの方々が関心を持って頂けるよう期待してやまない。

　本書は，河野稠果麗澤大学名誉教授の発案が企画の端緒となり，それを受け執筆者の一人でもある髙橋重郷元国立社会保障・人口問題研究所副所長が書籍化への道筋を開いたものである。お二人の卓識，お力添えなしに本書は存在し得なった。心からの敬意と感謝を申し述べたい。また，編集作業にあたっては，やはり執筆者の是川夕国立社会保障・人口問題研究所国際関係部長に多大なるご協力を賜った。最後に，人口学の重要性を深く理解され，「人口学ライブラリー」シリーズの刊行に尽力されている原書房の成瀬雅人社長と編集部の皆様に心から感謝の意を表したい。

　2021 年 9 月

編者

目　次

執筆者一覧（執筆順）

金子　隆一（明治大学政治経済学部特任教授）

石井　太（慶應義塾大学経済学部教授）

別府　志海（国立社会保障・人口問題研究所情報調査分析部第2室長）

菅原　友香（上智大学国際教養学部准教授）

是川　夕（国立社会保障・人口問題研究所国際関係部部長）

李　青雅（東海大学政治経済学部経済学科講師）

中川　雅貴（国立社会保障・人口問題研究所国際関係部第3室長）

髙橋　重郷（元国立社会保障・人口問題研究所副所長）

第1章　長寿・健康の歴史過程と現代的意義

はじめに

　私たちは長寿の時代に住んでいる。それは多くの人にとって老年期を過ごすことがごく当たり前の時代である。私たちは日常そうしたことを前提に暮らしており，あらためてそのような社会がいかにして実現されたのかと問うことは稀である。寿命がいくらかでも延び始めたのは人類史の中ではごく最近であり，それは一部の先進国における近代化の始動と同時期で，せいぜい250年くらい前からである。それ以前の社会では，人々は多くの疾病に対して為す術をもたず，出生児が年少期・青年期を無事過ごし，成人できることは幸運なことであった。また，ようやく成人に達しても，多くの人々は中高年で人生を全うしていたため，老年期を迎える人は稀であった。[1]

　人類はどのようにして現在の長寿社会を実現したのか，今後もその発展は続くのか，そしてそれは過去において私たちの社会や生活をどう変え，また将来を変えて行くのか。そして，そこにはどのような課題が待ちうけているのか。これらの問いには，現代的で喫緊の問題が含まれている。とりわけ現在，平均寿命において世界の先端に位置する日本であるからこそ見える事実，見通すべき課題もあるのではないか。本章では，長寿革命と呼ばれる人類の，そしてわが国の寿命の進展過程について歴史をたどり，その社会経済的な影響，今後の寿命とこれを取り巻く要因の展開，さらにはその現代的な意義などについて検討する。

第1節　長寿・健康の歴史過程——長寿はどのように　　　実現されたのか？

　人類はその長い歴史のほとんどを，環境から被る多くの危険に対して無防備な状況の中で過ごしてきた。外傷を受けたり，感染症に冒された場合には，自然治癒に頼るほかなく，最終的にはほとんどの個体がそれらとの闘いに敗北するかたちで死を迎えていた。したがって，老年期を迎えられる個体は少数派だったのである。それでは，現代につながる死亡率低下はいつ頃どのように始まったのであろうか。

（1）疫学的転換と寿命伸長の歴史

　歴史的に最も長く，信頼できる死亡率のデータが得られるのは，北欧や西欧の国々である。たとえば，スウェーデンは18世紀前半からのデータが得られている。**図1-1**には，その1740年から2017年にいたる普通出生率，普通死亡率，ならびに平均寿命の歴史的推移を示した。

　普通死亡率の推移を見ると（**図1-1（1）**），19世紀前半までは高い水準にあり，しかも変動幅は大きく，ときおり突出した高騰が記録されている。1740〜43年の高騰はロシアとの戦争とこれに起因する流行病や凶作によるものであり，1772〜73年は飢饉と赤痢，天然痘，腸チフスなどの流行によるとされる。1808〜09年には再びロシアとの戦争で，赤痢の流行により死亡率が高まった。このように近代化初頭までの人類の死亡率は水準が高いだけでなく，戦争，飢饉，伝染病の流行などによって，頻繁に高騰が生ずる不安定なものであった。

　しかし，スウェーデンの死亡率は19世紀に入る頃から比較的顕著に低下を始め，また変動幅も縮小していく。そして，1950年頃までほぼ直線的に下降していることがわかる。この変化こそが人類が経験した最初の長寿革命である。図では1960年代以降，死亡率は横ばいないし上昇を示すが，これは人口高齢化という人口の年齢構造変化による影響であり，同時期の平均寿命の変化をみれば

（図1-1（2）），ここでも人々の寿命は順調に延び続けていたことがわかる。また，記録の残るフランスやイギリス（イングランドとウェールズ）においては，18世紀中に平均寿命が穏やかに伸長を始めている。

　このように人類において現在につながる寿命の伸長がわずかでも開始されたのは，18世紀ヨーロッパにおいてと考えられ，数万〜数十万年におよぶ人類史から見れば，ごく最近のことといえよう。近代化とともに寿命が伸長するこの過程は，オムランにより疫学的転換（epidemiologic transition）と名付けられ，様式化して提示されている（Omran 1971）。それは感染症の征圧を中心とした死因構造の変化にともなう死亡率低下の過程にほかならない。

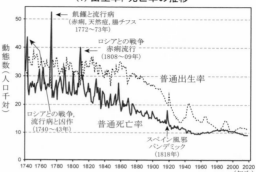

(1) 出生率，死亡率の推移

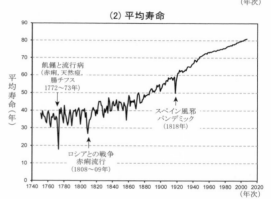

(2) 平均寿命

図1-1　出生率，死亡率，および平均寿命の歴史的推移：スウェーデン 1740〜2017 年

（資料）出生率，死亡率：1969 年までは Mitchell (1975)，1970 年以降はスウェーデン統計局（http://www.scb.se/），平均寿命：The Human Mortality Database（http://www.mortality.org/）.

　オムランはこの様式化の中で人類の死亡の歴史を 3 段階に分けている。すなわち，1）疫病蔓延と飢饉の時代（the age of pestilence and famine），2）慢性的疫病蔓延の終息期（the age of receding pandemics），3）変性疾患と人為的疾患の時代（the age of degenerative and man-made diseases）である。

　1）「疫病蔓延と飢饉の時代」とは，近代化以前の疫病が蔓延し，飢饉や戦争

などによって死亡率が高く，同時に激しく変動する時代を指している。平均寿命は20～40年ぐらいとされる。2)「慢性的疫病蔓延の終息期」とは，先の段階で猛威をふるっていた疫病をはじめとする感染症による死亡が減少していく過程を指している。平均寿命は30～50年ぐらいとされ，上述のヨーロッパの国の例では18世紀から20世紀前半くらいの時期に相当する。3)「変性疾患と人為的疾病の時代」における変性疾患とは，退行性疾患などとも呼ばれ，脳血管疾患，心疾患，悪性新生物（がん）といった生活習慣病のことである。感染症がほぼ征圧され，変性疾患が死因の主流となった段階を指している。平均寿命では50年を超えた段階とされる。20世紀前半から戦後に至る欧米先進国がこれに相当するだろう。

　オムランの疫学的転換理論は，18世紀から20世紀にかけての人口転換，ならびに社会の近代化を死亡率低下の視点から様式化して説明しようとするものであったが，これは必ずしも人類史の中での死亡・寿命の歴史全体をカバーしたものではない。これに対して，堀内は来るべき将来も含めた人類史における死亡・寿命の変遷を膨大なデータ・文献から吟味し，5つの疫学的転換で構成される死亡遷移の様式を提示している（Horiuchi 1999, 堀内 2001）。

　これによれば，**表1-1**に要約されるように人間社会はこれまで狩猟採集段階

表1-1　人類史における五つの疫学的転換

社会の様式	主要な死因	死亡率の変化（疫学転換）
狩猟採集社会	外傷	↓(1) 感染症蔓延による死亡率の上昇
農耕社会	感染症	↓(2) 感染症征圧による死亡率の下降
産業化社会（20世紀後半）	循環器系疾患	↓(3) 循環器系疾患征圧による死亡率の下降
高度技術社会（21世紀前半？）	悪性新生物（ガン）	↓(4) ガン征圧による死亡率の下降
将　来（21世紀後半？）	老化（老衰）	↓(5) 老化の遅延・減速

（資料）　Horiuchi（1999）のFigure1と，堀内（2001）の図1を総合して作成.

における外傷を主要な死因とする状況から，農耕社会における感染症の蔓延，産業革命前後から近代化期にかけての感染症征圧と循環器系疾患の台頭，その後の悪性新生物（がん）への死因首位の交代などを経験してきたことになる。そして，将来的にはがんの征圧と老化の遅延・減速による長寿化が生ずることを見通している。

　オムランが疫学的転換の第一段階として「疫病蔓延と飢饉の時代」と名付けた感染症の蔓延状態は，人類が農耕を始め，高い人口密度の下に定住生活を始めた後に生じたものである。人類はそれ以前に狩猟採集社会を経験しているが，この段階においては人口密度の低さや移動性の高い居住形態から，むしろ伝染性疾患の蔓延は少なく，狩猟中の事故，有害動植物との接触，暴力や他部族との抗争などによる外傷がもととなる死亡率が高かったとされる（堀内 2001）。

　農耕の開始にともなって死亡率が上昇した可能性があるという知見は，人間と文明化の関係を考える上で示唆的である。すなわち，農耕開始は人類にとって新たな技術の獲得による文明化のスタートというよりは，ボーズラップが主張するように，増大する人口圧への（やむを得ない）対処であった可能性が高まるだろう（Boserup 1965, 1981）。この過程での死亡率の上昇は，初期の文明化が人間の生物学的な特性に反した選択であったことを示唆している。[2]

　次の死亡率の段階移行は，上述のように 18～19 世紀のヨーロッパを待たなくてはならないが，その後の死亡率低下・寿命伸長は現代につながるものである。この死亡低下の開始が何によるものであったかについては，多くの研究がなされているものの，未だに諸説があり，はっきりとした結論は得られていない。現代社会での医療の役割を考えると，産業革命にともなう医療技術の革新が死亡率低下の原因であったように考えがちであるが，医療史の研究者マキューンは，イングランドとウェールズの記録の分析から，ヨーロッパにおける初期の死亡率の低下が，経済社会の発展と生活水準の向上にともなう栄養状態の改善によるものであると結論づけた（McKeown 1976）。彼は死亡率の改善が，近代的医薬や医療行為が行われるようになる以前に開始されていたということを見出している。

　初期の死亡率の改善が経済社会的な変化にともなうものだったのか，それとも新技術としての公衆衛生や医療の貢献によるものだったのかということは，近代史を考える上で重要であるだけでなく，疫学的転換を経験しつつある現在の発展途上国でのプログラムのあり方を検討する上でも不可欠な知見である。この点においてマキューンの研究は重要な示唆を与えた。ただし，その後の研究では，少なくとも19世紀後半には，衛生的飲料水の確保や下水道の整備などの公衆衛生技術発達が大きな寄与をしたとされるなど（Cutler and Miller 2005；Szreter 1988, 2002 など），争点も多く浮かび上がっている。だが，いずれにせよ，経済社会的変化と医学技術的変化は死亡率低下に対して複合的な関係をもっており（Preston 1975），一般に信じられているように当初より医療技術の進歩が先導的な役割を果たしたということではなく，教育などを含む生活水準の向上や貧困の是正といった経済社会的な要素が不可欠な役割を果たしたということは十分に理解される必要がある。

(2) 日本の疫学的転換と寿命伸長

　わが国においては，疫学的転換はどのようなものであっただろうか。わが国について死亡率の推移を出生率とともに描いたものが，**図1-2** である。1910年以前の時期は正確なデータが得られないため，5年おきの推計値を用いた。このためこの時期を特徴づけているはずの死亡率変動は省かれている。しかし全体の推移を見ると，死亡率の長期的な低下が見られ，スウェーデン同様の長寿革命の展開が見て取れる。ただし，その開始時期は少なくとも7〜80年遅れており，とりわけ終戦直後の短期間において死亡率低下の加速が見られることなど，わが国に独自な点も見られる。

　図1-3 は，1899年以降について死因の構成の推移を示したものである。わが国の疫学的転換の過程では，第二次大戦を境にして死因構造が急速に転換したことがわかる。すなわち，感染症（肺炎・気管支炎，結核，感染症を含むその他の死因）による死亡の構成比が短期間で縮小し，代わって生活習慣病である悪性新生物，心疾患，脳血管疾患が主要な死因となっていることがわかる。こ

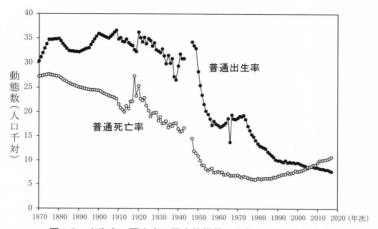

図1-2　出生率，死亡率の歴史的推移：日本 1870～2018 年

（資料）　1909 年以前は推計値（岡崎 1986），1910 年以降は厚生省統計情報部「人口動態統計」より作図.

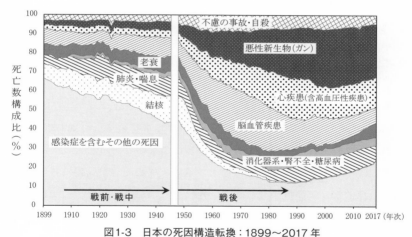

図1-3　日本の死因構造転換：1899～2017 年

（資料）　厚生労働省大臣官房統計情報部「人口動態統計」より作図.

うした変化は，上述した疫学的転換の第 2 段階から第 3 段階への移行の典型的な例となっている。なお，80 年代頃から肺炎（図では喘息を含む）の死亡割合が漸増しているが，これは人口の年齢構造変化すなわち人口高齢化にともなう変化である。

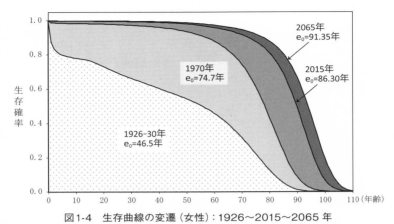

図1-4　生存曲線の変遷（女性）：1926〜2015〜2065年

（資料）　1926-30年：内閣統計局「第5回完全生命表」，1970年・2015年：厚生労働省大臣官房統計情
報部「完全生命表」，2065年：国立社会保障・人口問題研究所「日本の将来推計人口（平成29
年推計）」死亡中位推計.

　こうした死因構造の転換の結果として，乳児死亡をはじめとする若年死亡が
大幅に減少し，死亡が高齢に集中するという死亡年齢分布の根本的な転換が生
じた。それは，人々のライフサイクルが，従来の短命と寿命の不平等を基調と
するものから，誰もが老後を経験するものへと変化したことを意味している。
図1-4は，戦前（1926〜30年）から，1970年，2015年を経て，将来（2065年）にい
たる日本女性の生存曲線の時代的変遷を描いたものであるが，戦前から戦後の
1970年までの間に，乳幼児期を中心とする若年層の死亡が大幅に減少し，平均
寿命（生存曲線と座標軸が囲む面積に相当する）が急増したことがわかる。こ
れは同時期の疫学的転換の進行によって感染症の征圧が進んだことに対応する。
　同様の疫学的転換を経験した他の先進諸国に比べ，日本ではこの変化を，極
端に短い期間で達成した。戦後の日本はまさに疫学的転換，あるいは長寿革命
の短縮モデルを築いたといえる。**図1-5(1)**では，日本の平均寿命の延びを世界
の主要地域と比較した。近年の日本は平均寿命が世界の最高水準にあるだけで
なく，その延びの勾配が特に急なことがわかる。戦後わが国の平均寿命が，特
異な勾配を描いて伸長したことは，**図1-5(2)**よって主要先進諸国と比較すると，

より鮮明となる。とりわけ同
図では，現在のロシア，すな
わち旧ソ連地域では，2000年
前後に至るまで平均寿命の低
迷が続いたことが示されてお
り，先進国といえども経済社
会の運営がうまくいかなけれ
ば，平均寿命は自動的に延び
るものではないことを物語っ
ている。

（3）疫学的転換の新たな段階

　先に**図1-4**において見たよ
うに，わが国の戦前から戦後
の高度経済成長期にかけての
寿命伸長，死亡率低下は目覚
ましく，乳幼児期や青壮年期
の死亡征圧は1970年頃まで
には，概ね完了に近づいた。
すなわち日本を含めた多くの
先進国は，1970年頃にはオム

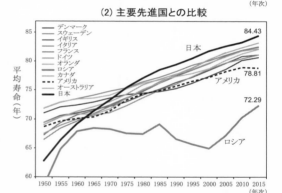

図1-5　平均寿命推移の国際比較：1950〜2015年
（資料）　United Nations（2019）.
（注）　横軸上の年次は標記の年次からの5年期を表し，たとえば1950は1950〜54年の期間を表す.

ランの疫学的転換理論による最終段階3)「変性疾患と人為的疾病の時代」に到
達したとみられる。当時の理論によれば，人間の寿命には生物学的な限界が存
在し，これらの国々では疫学的転換を経てそうした限界に近づいたとみられた
ので，その後において平均寿命はもはや大幅に延びることはないだろうと考え
られていた。ところが，実際はその直後から高齢死亡率の予想外の低下が開始
され，平均寿命はさらに伸長を続けることとなった。

　その様子は，**図1-4**において，1970年から2015年の間の日本人女性の生存曲

線の変化に見ることができる。上述の通り，1970年頃までには若年〜青壮年期における死亡が征圧され，生存曲線にはこの年齢層での下降がほとんど見られなくなっていたが，それ以降は高齢期の下降局面が高齢方向に移動する形で平均寿命（生存曲線下の面積）の増加がみられるようになった。それまで想定されていなかった新たな長寿化の様式が始まったといえる。

こうした状況に対して，オルシャンスキーらは，先進国の死亡・寿命の歴史は，新しい段階に入ったと考え，疫学的転換に第4番目のステージを付け加えた。それは，4)「変性疾患遅延の時代（the Age of Delayed Degenerative Diseases）」というものである（Olshansky and Ault 1986）。これは，人々の間で心疾患，脳血管疾患，悪性新生物に代表される変性疾患（生活習慣病）による死亡の時期が年々遅延しており，その結果平均寿命が延び続けているというものである。現在では，日本も含めてほとんどの先進諸国はこの段階に入っているものと考えられる。わが国はその中でも最も順調な平均寿命伸長を見せている。

第2節　長寿・健康の現代的意義——長寿はどのように社会を変えるのか？

疫学的転換を提唱したオムランは，死亡率の低下が人口転換や社会全体の近代化を主導する役割を果たしたと考えていた（Omran 1971，斎藤 2018）。また，歴史的死亡低下に関する社会経済的要素の重要性とその政策的応用に関して多大な影響を与えたマキューンも，人口増加を通して近代化を導いた原動力として死亡率低下を位置づけている（McKeown 1976）。実際，疫学的転換は人々の生存確率を変え，ライフサイクルの姿を違ったものにした。人生の時刻表は大きく書き換わり，最終的にそれは社会経済全体をも変えることとなったのである。

(1) 長寿が社会にもたらしたもの

疫学的転換による寿命伸長が，社会にもたらしたものは，大きく分けると次の4つに集約されるだろう。すなわち，1) 人口転換を導いたこと，2) 人生や

社会の不確実性を払拭して，効率的な社会経済を導いたこと，3）個人の人生設計や人生観を一変させたこと，さらには，4）高齢期まで生存する人々を増やし，人口高齢化を促進したことである。

　まず，疫学的転換は，1）人口転換を導いた。人口転換とは，社会の近代化にともなって人口動態がいわゆる「多産多死」の状態から「少産少死」の状態へと遷移することである。多産多死の状態では，普通出生率と普通死亡率はともに高い水準にあり，それらが相殺するため人口増加は概して低調である。逆に少産少死の社会ではそれらの動態率はともに低い水準で均衡するため，やはり人口増加は生じない。人口動態がこれらの二つの均衡状態の間を遷移することが人口転換である。ただし，典型的な例では死亡率が出生率に先行して低下するため，一旦「多産少死」の状態を経由することになる。この間は低下した死亡率と高止まりの出生率との大きなギャップにより急速な人口増加が発生する。

　前出の図1-1（1）のスウェーデン，ならびに図1-2の日本の人口動態推移は，ともにこの典型例となっている。人口転換は，社会の近代化と一体として生ずる現象であり，前節で見たとおりヨーロッパでの死亡率低下が産業化に先行していた点などを考慮すると，それは近代化の所産というよりも，むしろ近代化開始の発端となった可能性が高い。したがって，疫学的転換こそが近代化の歯車を始動し現代社会をもたらした原点であるとする見方も有力であり，今後実証的に検討する必要があるだろう。[5]

　人口転換の途上，死亡率と出生率の低下のタイムラグによって生ずる人口増大は，これを経験してきた国々に歴史上重大な転機を与えてきた。そもそもマルサスの『人口論』に始まる人口増加への憂慮をはらんだ社会的，政治的関心はこの人口転換過程における人口増加局面で誕生したものである。その後も人口過剰意識はマルクスの『資本論』等による思想形成と社会主義国家成立に影響を与え，さらには列強の植民地主義や二度の世界大戦の遠因となるなど，歴史の底流にあってこれを支配してきたのである。

　次に疫学的転換は，2）人生や社会の不確実性を払拭して，効率的な社会経済を導いた。すなわち，経済活動をはじめとした社会的事業に関して，これに関

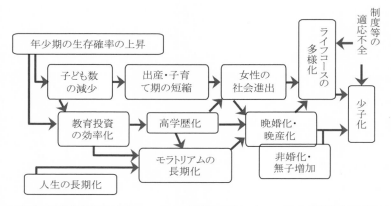

図1-6　疫学的転換のライフコースへの影響：女性ライフコースの多様化と少子化

わる人々の生存率が高まることによってそれらの継続性が確保され，信用が形成され投資の効率性が高まったのである。とりわけ信用形成は，高度な金融市場の発達を導くことによって，多くの事業が効果的に実施されるようになり，急速な経済発展をもたらした。

　それと同様のことは個人の人生の中でも生じたであろう。すなわち疫学的転換は，自ら，あるいは直接関わる人々の数年後あるいは数十年後の生存を確信させることにより，3）個人の人生設計や人生観を一変させたと考えられる。とりわけ，教育の投資効果を顕在化させ，新しい世代の高学歴化を導いたことは，そこから派生する数多くの変化に結びつく重要な効果であった。また，人的投資期間（モラトリアム期間）の延長は，青年期移行過程を変容させ，家族形成の開始を遅らせるなど現在の少子化に連なる様々な変化に結びついている（**図1-6**）。これらを含め，人々の生存確率の増大は，総じて個人の行動原理における経済合理的思考の有効性を高め，人生に対する態度を一変させたと考えられる。

　最後に疫学的転換は，4）高齢期まで生存する人々を増やし，人口高齢化を促進した。この点については，二つの重要な注釈を付す必要がある。第一に疫学的転換による死亡率低下は，まず若年死亡率低下としてスタートすることが一

般的であるから，当初は高齢化とは反対に若年人口の相対的増加すなわち人口若年化が進行するということである。このことは，やがて青壮年層の労働力増大によって人口ボーナス（または人口学的配当）をもたらし，経済成長の促進につながる点で重要である。その後，急増した青壮年層は，数十年の時間差を経て，高齢に達し，急速な人口高齢化がもたらされることになる。

　第二の注釈は，人口高齢化への寄与において，死亡率低下は出生率低下の性急で強力な働きに比べて，緩慢にしか働かないということである。人口高齢化は相対的構造変化であるため，高齢人口の増大とは別に年少人口の減少によっても生ずるが，その量的寄与は，一般に後者の方がずっと大きい。したがって，人口高齢化に対する影響は，長寿化よりも少子化の方が大きいのである。だから寿命伸長を抑えることによって人口高齢化が抑制されるという考え方は的外れであることがわかる。むしろ長寿化は国民の健康改善をともなうものであり，人口高齢化がもたらす要介護人口や被扶養人口の増大の効果を緩和する効果があるため，その促進に躊躇する必要はない。この点については後述する。

　以上，疫学的転換による長寿化がもたらした社会経済の変化について，四つの論点に分けて見たが，これらは個別に働いたのではなく，むしろ複雑に関連しながら展開し，社会全体を大きく変えてきたと考えられる。とりわけ日本では寿命伸長のペースが驚異的であったため，これらの連鎖的変化に制度や意識の適応が間に合わないなど，日本独自の様相が見られる。その知見は，わが国のみならず，今後において長寿化と高齢化が加速的に進行する世界のほぼすべての発展途上諸国において，決定的な情報となるはずである。

(2) 今後の長寿化について

　前述のとおり，1970年代以降，高齢層における死亡率低下が目覚ましく，それまでの予想に反して，平均寿命は現在でも延び続けている。前出の図1-4に示した将来の生存曲線は，今後もこの傾向が継続するという見通しを示している。それは現在に至るまでの死亡率変化の趨勢を客観的に将来へ投影するという将来人口推計の方法の特徴が反映された結果であるが，今後に期待される医

学・生理学分野の技術革新等が，寿命を飛躍的に延長させる可能性も否定はできない。

　一方で，疫学的転換の長い歴史的過程を詳細に検討すると，その間においても，病原体としての微生物の発見，ワクチンの開発・普及，公衆衛生技術の発達とインフラ整備，そして抗生物質の発見といったいくつもの革新技術が不定期に登場したが，人間社会の先端的平均寿命は，ほぼ直線的な伸長を維持してきたという事実が指摘されており（Oeppen and Vaupel 2002），今後も寿命伸長のペースには大きな変化がない可能性もある。それどころか，今後の寿命伸長に対して，阻害的に働く要因も同時に存在している。たとえば，近年の新たな感染症の登場や旧来の感染症の再興は，今後本格的に人々の生存を脅かし，平均寿命を減少させる可能性すら否定できない。(7) 未知の病原体や毒性の強い耐性菌による集団感染の拡大が生じた場合には，現代社会は世界レベルで大きな打撃を受ける可能性がある。それ以外にも，国や自治体の財政的困難などによる医療・介護の提供体制の弱体化や公衆衛生インフラの老朽化，あるいは国民の間での経済格差の拡大など，行政的ないしは社会経済的な事象も平均寿命伸長の阻害要因として警戒されなくてはならない。

　いずれにせよ，平均寿命がその国の総合力によって形成されているものであるかぎり，その将来は社会経済全体の行方と密接に関わっている。社会経済の安定や発展なしに，寿命のみを延ばし続けるということはできない相談であろう。

(3) 今後の長寿化が社会にもたらすもの

　長寿化が今後の社会経済に及ぼす影響や課題は，長寿化，人口高齢化の先頭を歩む日本で最初に経験されるに違いない。それはどのようなものだろうか。

　まず挙げられるのは，今後の死亡数の増大とこれにともなう人口減少である。寿命が伸長している社会で死亡数が増大するということは，一見矛盾するように思えるが，人口高齢化により死亡率の高い老年人口が増えるのであるから，年間死亡数は増加するはずである。日本は，戦後長らく死亡の少ない社会であっ

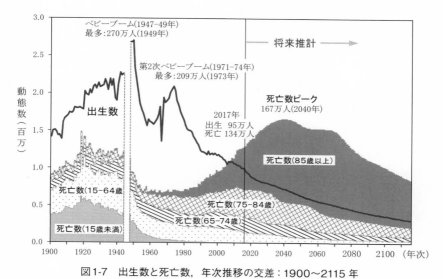

図1-7　出生数と死亡数，年次推移の交差：1900〜2115 年

（資料）　厚生労働省大臣官房統計情報部「人口動態統計」，国立社会保障・人口問題研究所「日本の将来
推計人口（平成 29 年推計）」出生中位・死亡中位推計.

たが，現在すでに多死社会への急坂を上りつつある（**図1-7**）。この過程は少子
化による出生数の減少と相まって，加速的な人口減少を引き起こすことにもな
る。

　これほど急速な死亡数増加の理由については，もう少し説明を要するだろう。
まず，戦前の年間死亡数の状況をみると，大正時代以降，年間死亡数は 100 万
人を優に超えていたが，そのうち 15 歳未満の年少者と 15〜64 歳の生産年齢で
の死亡が大部分（1900〜43 年平均で約 77％）を占めていたことがわかる。この
時期，高齢期まで生存した日本人は，わずか 2〜3 割しかいなかったのである。
しかし，この状況は戦後になって一変する。年少期や青壮年期での死亡が急速
に減少し，その分は年間死亡数の極端な減少として観察される。この時期に子
どもや青年期にあった人々は多くが成人にまで成長し，規模の大きな労働力層
を形成した。彼らこそが人口ボーナスの担い手であった。

　しかし，海外への人口流出がきわめて少ない日本では，出生した数はほとん

どが国内において同数の死亡数として計数されるはずである。したがって戦後大幅に減った死亡数もいずれは必ず顕在化することになる。すなわち，現在増え続けている死亡は，戦後に大幅に減った若年死亡が先延ばしされたものと見ることができる。その結果，今後は非常に高齢での死亡が多くなる。超高齢者の終末期ケアの需要が短期で急増する理由がここにある。すなわち，高齢死亡数の増加は，見方を変えれば終末期にある人口の増大に他ならない。終末期医療・介護の需要については，高齢者数より死亡者数を見た方がその深刻さがよく理解される。

さて，わが国において戦後，急速に長寿化が進んだからこそ，大型の多死社会が到来するという皮肉な仕組みを見たわけであるが，長寿化とは人口高齢化によって社会に災厄をもたらすものなのだろうか。長寿化について，最も誤解されている側面は，それを人口高齢化と同一視するというものである。すなわち，人口高齢化のもたらす多くの課題は，もとをただせば寿命の伸長が原因だとする考え方である。たしかに長寿化は，高齢に至る人口を増やすことで，人口高齢化を促進する一因となっているが，先述のとおり，その量的効果は少子化の効果ほど顕著なものではない。たとえばフランスやスウェーデンは日本と比較してほとんど遜色のない長寿国であるが，国連による 2050 年の高齢化率（65 歳以上人口割合）将来推計値は，日本の 37.7% に対してフランス 27.8%，スウェーデン 24.6% と 10% も低い。この日本の高齢化率の高さは，主に他の二国に比べた日本の出生率の低さに負うものである。

しかし，長寿化を高齢化と同一視するべきではない最大の理由は，長寿化の推進こそが，人口高齢化のもたらす多くの課題に対処する方策になり得るという点にある。というのは，寿命が延びるということは，死亡が延期されるというだけではなく，同時に人々の間で健康な状態や生産性が長く保たれるということを意味しているからである。すなわち，長寿化は社会の潜在的生産性を向上させることによって，人口高齢化がもたらすといわれる多くの課題や負担増を軽減する効果を持つのである。

ここではその効果の定量化を試みよう。まず，長寿化による一般的な健康の

表1-2　年次別にみた平均余命, 1960 年基準 65 歳等価年齢, 高齢猶予年数

(単位:年)

男性				女性			
年 次	65歳時平均余命	1960年基準65歳等価年齢	65歳時猶予年数	年 次	65歳時平均余命	1960年基準65歳等価年齢	65歳時猶予年数
1960年	11.6	65.0	0.0	1960年	14.1	65.0	0.0
1990年	16.2	71.6	6.6	1990年	20.0	72.2	7.2
2020年	19.9	76.2	11.2	2020年	24.8	77.6	12.6
2040年	21.3	77.9	12.9	2040年	26.5	79.3	14.3
2065年	22.6	79.3	14.3	2065年	27.9	80.8	15.8

(資料)　2010 年以前は「完全生命表」. 2030 年, 2065 年は「将来推計人口（平成 29 年推計）」死亡中位仮定
　　　　生命表. いずれも平均余命関数にスプライン補間を適用して算出.
(注)　65 歳時平均余命 = 生命表における 65 歳時の平均余命（平均してあと何年生きるか）.
　　　65 歳時余命等価年齢 = 1960 年 65 歳時平均余命と同じ平均余命を持つ年齢（余命を健康度とみなし
　　　て, 平均健康度によって定義した高齢者年齢）.
　　　65 歳時猶予年齢 = 65 歳から 65 歳時余命等価年齢までの年数（健康度の若返りによる獲得年数）.

改善を測る指標が必要である. 近年, 健康寿命という概念が注目されているが,
具体的な定式化が難しく, 時系列的な比較等が困難である[8]. ここでは長寿化の
直接の指標である平均余命を用いた分析例を紹介しよう.

　表1-2 には, 男女別 65 歳時の平均余命を, 将来を含むいくつかの年次につい
て示した. これによれば, 65 歳時平均余命は男女とも順調に伸長しており, 同
じ 65 歳であっても, 時代が進むほど長く生存するようになっている. これは
65 歳での健康度が時代とともに増進していると見ることもできるるだろう. こ
のように平均余命を健康度の指標と読み替えて, たとえば 1960 年男性 65 歳時
の平均余命 11.6 年を高齢に至る境の健康度と決めれば, 他の年次についても同
じ健康度（平均余命）となる年齢によって, 高齢者を定義することができる
（Sanderson and Scherbov 2005）. これを 1960 年 65 歳余命等価年齢と呼ぶこと
にする. 表1-2 男女それぞれの中列にこの数値を示した. これによれば, たと
えば 2020 年男性においては 76.2 歳が 1960 年 65 歳と同等の健康度を有する年
齢であり, これを同一健康度による高齢開始年齢として採用することができる.
すなわち 2020 年では高齢開始年齢が 1960 年に比べて, 男性 11.2 年, 女性 12.6
年遅くなっている（この年数を（高齢）猶予年数と呼ぶことにする）. さらに将
来の 2065 年では, 人々の健康度改善を考慮すると, 男女ともおおむね 80 歳か

表1-3　1960年65歳時余命等価年齢を高齢定義に用いた場合の人口高齢化の将来像

年次	老年人口割合		後期老年人口割合		従属人口指数		老年従属人口指数		(老年)潜在扶養指数	
	暦年齢定義	余命等価年齢定義	暦年齢定義	余命等価年齢定義	暦年齢定義	余命等価年齢定義	暦年齢定義	余命等価年齢定義	暦年齢定義	余命等価年齢定義
1960年	5.7%	5.7	1.7%	1.7	55.7%	55.7	8.9%	8.9	11.2人	11.2
1990年	12.1	6.6	4.8	2.0	43.5	33.1	17.3	8.8	5.8	11.3
2020年	28.9	12.8	14.9	4.4	69.2	33.0	48.9	17.0	2.0	5.9
2040年	35.3	15.7	20.2	7.1	85.6	36.0	65.6	21.4	1.5	4.7
2065年	38.4	19.2	25.5	8.7	94.5	41.6	74.6	27.1	1.3	3.7

(注)　余命等価年齢の各指標は，男女別に1960年基準65歳余命等価年齢に基づく「老年」人口を算出した後に，これを用いてそれぞれの高齢化指標を算出した．ただし，生産年齢人口の開始年齢には暦年齢15歳を用いている．ただし後期老年人口割合では，暦年齢75歳以上人口割合と75歳余命等価年齢定義による同指標を対比した．また老年従属人口指数では，生産年齢と老年の境界年齢として暦年齢65歳を用いた場合と余命等価年齢を用いた場合の（「老年」人口／「生産年齢」人口）を対比した．ただし，いずれの場合も生産年齢人口の開始年齢には暦年齢15歳を固定して用いている．

らを高齢とすることが妥当であると示されている。このように長寿化にともなう高齢者の健康改善の効果は，思いのほか大きい。

　さて，この健康度を基準とした新しい高齢の定義を採用した場合，わが国の人口高齢化の将来像はどのように変わるのであろうか。**表1-3**に健康度定義に基づく人口高齢化指標を，従来の暦年齢による高齢化指標と対比して示した。これらによれば，高齢者の健康改善を認識し，十分に活用した場合の社会状況と，そうでない場合の状況を比較することができる。

　同表によって，まず老年人口割合（いわゆる高齢化率）を比較すると，健康改善を考慮した余命等価年齢定義による値が，暦年齢定義による従来値のおよそ半分程度で推移している。すなわち，2020年では従来値が28.9％のところ，等価年齢定義では12.8％となっている。この両指標値の差16.1％ポイントは，高齢層の健康増進によって獲得された人口高齢化の軽減効果量に相当する。この効果は高齢定義に暦年齢を用いることによって潜在化してしまう。将来の2065年で同様の比較をすると，高齢化率の従来値が38.4％となるところを，等価年齢定義ではちょうど半分の19.2％となっており，通常の定義では，差にあたる19.2％ポイント分の軽減効果が潜在化する。

　このように高齢層での健康増進の持つ人口高齢化の軽減効果は非常に大きく，社会がこれを認識して十分活用するかどうかによって，それが潜在化するか顕在化するかが決まると考えられる。すなわち，これを活用しないということは，健康改善にともなう生産性向上分を高齢者一人当たり半分程度浪費していることになるのである。

　次に，生産年齢人口一人当たりの平均的扶養負担を測る指標である従属人口指数についてみると，従来値と新定義による値の差はより大きく，後者は1990年以降将来にわたって前者の最低値，すなわち人口ボーナス期の負担の値（1990年43.5％）よりも低く推移することが見込まれる。すなわち，社会が高齢者の健康改善の効果を十分に活用することができれば，人口ボーナスが継続するのと同等以上の状態を保てることを意味している。

　最後に，（老年）潜在扶養指数についてみると，2065年，従来値では生産年齢1.3人で高齢者1人を支えることになるのに対して，新定義による値では3.7人で高齢者1人を支えればよいことを示している。このように長寿化による健康度の改善を考慮に入れた指標を用いると，わが国が迎えようとしている高齢化社会は，従来とは全く異なった様相として見えてくる。すなわち長寿化は，高齢者の健康度を高めることによって人口高齢化の量的マイナス効果を抑制し，これにともなう多くの課題の深刻さを緩和する働きがある。したがって，逆説的であるが，人口高齢化を克服するためには積極的に長寿化を推進し，活用することが有効であり，むしろそれが必須なのである。

おわりに

　本章では，まず長寿化あるいは長寿革命と呼ばれる平均寿命伸長＝死亡率低下の歴史的過程をたどった。それは疫学的転換とよばれる感染症の征圧による生存確率の飛躍的向上の過程であった。疫学的転換による寿命の伸長は，その帰結として 1）人口転換を導き，2）人生や社会の不確実性を払拭して効率的な

社会経済を発達させ，3）個人のライフサイクルを一変させ，4）人口高齢化を促進した。その広範で強力な影響力を見る限り，疫学的転換による長寿化が，近代化を主導したといってもけっして過言ではない。

　現在ほとんどの先進国では，高齢層における死亡率低下によって寿命はいぜんとして延び続けており，日本はその先頭を歩んでいる。今後，がんの治療法確立や再生医療，遺伝子治療などの革新的技術によって老化の制御などが可能となる事態も視野に入ってきている。人間の生理的，生物学的限界を拡張する技術は，これまでの機能維持，治療の医学とは別次元の技術となり，寿命を飛躍的に延長させることになるかもしれない。

　その一方で，近年みられる新たな感染症の登場や旧来の感染症の再興は，長寿化を阻むだけの潜在的な危険をはらんでいる。また，国や地方の財政的困難に起因する医療・保健体制の弱体化や社会における所得格差の拡大などの社会経済からの負の効果も無視できない。一国の平均寿命はその社会の総合力によって支えられるものであるから，社会経済の安定や発展なしに，寿命のみを延ばし続けることはできない。

　わが国では，戦後に急速な長寿化を経験したが故に，今後先送りされた死亡が一斉に顕在化し，多死社会の到来を迎える。少子化による出生数の減少と相まって人口減少が加速し，未曽有の人口高齢化が進行する。これらの人口動向は，労働供給の減退や消費市場の縮小，現行社会保障制度の行き詰まりなど，多くの困難をもたらすことになるだろう。ただし，長寿化が人口高齢化をもたらし，あるいはその問題を深刻化させているという見方は適切ではない。長寿化は高齢者をはじめすべての人々の健康を高め，社会の生産性を向上させることに働き，むしろ高齢化の影響に立ち向かうほとんど唯一の手段を与えるものである。長寿化の現代的意義は，それが健康増進を通じて人的資本を高める道筋を開き，人々の「質」変化，すなわち人口資質の拡大によって人口高齢化という量的困難を乗り越えること，そして社会を歴史の次の段階へと導くことにあると考えられる。私たちがこれから直面する世界は混沌としており，ビジョンを持ちにくい。しかし，科学技術においても，社会経済体制においても，そ

して個人のライフコースにおいても，私たちは健康長寿を希求し，人々の生の質を少しでも高めようとすることを指針とすればよいのではないだろうか。日本は戦後，高度経済成長とともに世界一の寿命伸長を達成し，世界から驚嘆と賞賛の目を向けられた。しかしこれまでの長寿化は，実は他国において開発された技術の応用に負うところが大きかった。これに対してこれから日本が迎える課題は必ずしも既存技術の応用だけで乗り越えられるものではない。社会の「総合力」が必要となる長寿化とその課題解決に向けて，日本の創造力と真の英知が試されるのは，実はこれからではないだろうか。

　〈付記〉本章は，金子 (2010) を基に，編成の変更，加筆，ならびにデータの更新
　　を施したものである。

注

(1) たとえば，わが国の近代化が軌道に乗り，進展を見せていた 1910（明治 43）年でも，年間死亡数約 106 万人のうち，年少人口（15 歳未満）の死亡が 44.1％，生産年齢人口（15〜64 歳）が 35.6％を占めており，高齢期（65 歳以上）での死亡は 20.4％に過ぎなかった。ちなみに最近の 2015（平成 27）年における高齢期の死亡は全体の 90.2％を占めている。

(2) ハラリ（Harari 2014）は，一般に初期の農耕民は狩猟採集民よりも労働時間も労働量も増え，結局困難で満足度の低い生活を余儀なくされたとし，「農業革命」を史上最大の詐欺と呼んだ。

(3) 生存曲線とは，ある集団について出生（0 歳）から各年齢（横軸）までの生存確率（あるいはその年齢に達した人の割合）を縦軸として表すように描いた曲線である。生命表関数の一つであり，同時に生まれた集団が年齢とともに死亡によって減少して行く様子をイメージできる。

(4) この日本の例のように，若年〜青壮年期の生存曲線が持ち上がり，曲線全体が四角の形状に近づくことは，歴史上の普遍的な死亡率改善様式と考えられており，生存曲線の矩形化（rectangularization）と呼ばれている。人々の最大寿命が固定

されたまま，若年〜青壮年層の死亡が完全に防がれた場合に実現すると考えられるが，実際にはそれが実現する以前に高齢死亡率の低下と最大寿命のシフトが開始された。

(5) 疫学的転換による死亡率低下が近代化をもたらす経済成長の前提となったのではないかという見方は，近代経済成長の研究者の間ではしばしば言及されてきた。前述の Omran（1971），McKeown（1976）の他にも，経済発展に対する寿命伸長の重要性を主張する Kuznets（1975）や，Riley（2001）など死亡率低下が産業革命に先行する根拠を挙げる研究も少なくない．しかし，疫学的転換が近代化の発端であることを明確に示した例はこれまで聞かれない。

(6) 人口学的配当（または人口ボーナス）とは，近代化にともなう人口転換過程において，生産年齢人口の年少人口，老年人口に対する比率が高まり，経済成長が促進される現象を指す。反対に，その比率が低下して経済成長を妨げる現象は，人口オーナスと呼ばれている。

(7) ヒト免疫不全ウイルス（HIV）感染による AIDS（後天性免疫不全症候群）は，1981 年に初めて確認されて以来，2018 年までに世界で約 3,500 万人が犠牲になったとされる。現在も HIV 感染者は約 3,670 万人，年間 180 万人の新規感染者と100 万人の AIDS による死亡者が発生している。近年では SARS（重症急性呼吸器症候群）の集団感染（2003 年），新型インフルエンザ（swine flu）のパンデミック（2009 年），MERS コロナウイルス集団感染（2012〜15 年），エボラ出血熱流行（2014〜16 年）などが記憶に新しい。エボラ出血熱では西アフリカで感染拡大し，1 年半ほどで約 28,000 人が感染し約 11,000 人が死亡した。今後は鳥インフルエンザのヒト間感染型への変異などがおそれられている．

(8) 健康寿命は個人や集団の健康を定量化する指標として提案された概念である。国内では内閣府「日本 21 世紀ビジョン」や厚生労働省「健康日本 21（第 2 次）」において評価指標として取り上げられ，都道府県比較などに活用されている例がある。そこでは「健康上の問題で日常生活が制限されることなく生活できる期間」と定義されており，算出には「国民生活基礎調査」大規模調査のデータが用いられる。したがって，その応用はこの調査情報の得られる範囲に限られる。国際的に提唱されている定義も複数あるが，同様の制限を有する。

参考文献

岡崎陽一（1986）「明治大正期における日本人口とその動態」『人口問題研究』178,
　　pp.1-17.

金子隆一（2010）「長寿革命のもたらす社会——その歴史的展開と課題——」『人口問題
　　研究』66 (3), pp.11-31.（Ryuichi Kaneko (2011) "The Society Created by the Longevity
　　Revolution: Historical Development and Associated Issues," *The Japanese Journal of
　　Population*, Vol.9 (1), pp.135-154）

斎藤修（2018）「人口転換論を再考する——とくに死亡率低下局面をめぐって」『日本
　　学士院紀要』73 (1).

堀内四郎（2001）「死亡パターンの歴史的変遷」『人口問題研究』57 (4), pp.3-30.

Boserup, Ester（1965）*The Conditions of Agricultural Growth: The Economics of Agrarian
　　Change under Population Pressure*. London: Allen & Unwin.

Boserup, Ester (1981)*Population and Technological Change: A Study of Long Term Trends*.
　　Chicago: University of Chicago Press.

Cutler, David and Grant Miller（2005）"The Role of Public Health Improvements in
　　Health Advances: The Twentieth-Century United States," *Demography*, Vol.42 (1),
　　pp.1-22.

Harari, Yuval N.（2014）*Sapiens: A Brief History of Humankind*. London: Harvill Secker.
　　（ユヴァル・ノア・ハラリ，柴田裕之訳（2016）『サピエンス全史（上）（下）　文明の
　　構造と人類の幸福』河出書房新社）

Horiuchi, Shiro（1999）"Epidemiological Transitions in Human History," *Health and
　　Mortality Issues of Global Concern*. New York: United Nations, pp.54-71.

Kuznets, S.（1975）"Population Trends and Modern Economic Growth," *The Population
　　Debate–Dimensions and Perspectives: Papers of the World Population Conference,
　　Bucharest, 1974*, Vol.1. New York: United Nations.

McKeown, Thomas（1976）*The Modern Rise of Population*. New York: Academic Press.

Mitchell, Brian R.（1975）*European Historical Statistics 1750-1970*. New York: Columbia
　　University Press.

Oeppen, Jim and Jim W. Vaupel（2002）"Broken Limits to Life Expectancy," *Science*,
　　Vol.296, pp.1029-1031.

Olshansky, S. Jay and A. Brian Ault（1986）"The Fourth Stage of the Epidemiologic Transition: The Age of Delayed Degenerative Diseases," *Milbank Quarterly*, Vol.64, pp.355-391.

Omran, Abdel R.（1971）"The Epidemiologic Transition: A Theory of the Epidemiology of Population Change," *Milbank Memorial Fund Quarterly*, Vol.49(4), pp.509-538.

Preston, Samuel H.（1975）"The Changing Relation between Mortality and Level of Economic Development," *Population Studies*, Vol.29(2), pp.231-248.

Riley, J. C.（2001）*Rising Life Expectancy: A Global History*. Cambridge: Cambridge University Press.

Sanderson, Warren C. and Sergei Scherbov（2005）"Average Remaining Lifetimes Can Increase as Human Populations Age," *Nature*, Vol.435(7043), pp.811-813.

Szreter, Simon（1988）"The Importance of Social Intervention in Britain's Mortality Decline c. 1850-1914: A Re-Interpretation of the Role of Public Health," *Social History of Medicine*, Vol.1, pp.1-38.

Szreter, Simon（2002）"Rethinking McKeown: The Relationship Between Public Health and Social Change," *American Journal of Public Health*, Vol.92(5), pp.722-725.

United Nations（2019）*World Population Prospects: The 2019 Revision*.

（金子隆一）

第2章　死亡分析の方法（生命表と死亡モデル）

はじめに

　死亡分析は形式人口学や人口学方法論の源流となったものであり，その考え方は人口学全体の基礎を成すということもできる。また，死亡という事象の定義の明確さ，データの豊富さ，「死」を扱いながら「生」を測る逆説性，死亡事象の強い規則性（死亡法則・死亡モデル）と統計学的手法との相性のよさなど，死亡分析そのものも独自の特徴を有している。死亡分析の基礎となるのは，死亡統計と人口統計，そして標準化手法や生命表などの死亡力を測定するための方法論である。特に，生命表は死亡分析の基本的ツールであるとともに，重要な人口モデル（静止人口モデル）の一つであり，その概念，指標，応用，作成法はどれも人口分析上重要な問題である。

　本章ではこのような死亡分析の基礎となる方法論について述べることとしたい。

第1節　死亡分析の基礎

(1) 死亡分析に使われる人口統計

　死亡分析に使われる人口統計としては，まず厚生労働省「人口動態統計」による死亡・死産に関する統計が挙げられる。さらに，死亡率の測定にあたっては，分母に使用する人口として，総務省「国勢調査」「推計人口」が必要とな

る。人口動態統計ではこれらをそのまま分母として用いているが，後述する通り，より精密な人口学的測定が要求される場合，中央人口やリスク対応生存延べ年数を作成して分母とすることもある。

　これらの生データに対し，より精緻に死亡状況を分析する目的から作成される加工統計である生命表も死亡分析には欠かせない。公式統計としての生命表は厚生労働省が作成しており，全国ベースのものとしては，「完全生命表」（国勢調査年）と「簡易生命表」（毎年），地域別のものとしては，「都道府県別生命表」，「市区町村別生命表」（国勢調査年）がある。

　一方，研究者向けには，各国の生命表を統一的な方法論に従って作成し，国際比較可能な形で整備した学術プロジェクトである「Human Mortality Database: HMD」（UCB & Max Planck Institute for Demographic Research)，また，その日本版である「日本版死亡データベース」（国立社会保障・人口問題研究所）がある。HMD は近年，死亡・寿命分野の研究で活発に利用されており，寿命研究になくてはならない存在となってきている。

　わが国の死亡統計の特徴として，統計の品質が極めて高いことがある。発展途上国の統計等では，必ずしも死亡の全数統計が存在していなかったり，また存在しても末尾が 0 や 5 の年齢にデータが集中するエイジヒーピングなどがあったりして，その品質が必ずしも高くないことがある。わが国の死亡統計は，第二次大戦によって資料が喪失された時期を除けば，比較的長期にわたり質の高い統計が取得できるという特徴を有している。

(2) 死亡率と標準化

　人口学で死亡水準の測定に用いられるのが死亡率である。人口学における「率」は人口学的率[1]（Demographic Rates)，人口動態率などと呼ばれ，日常用語として用いる率とは異なる概念である。これは，単位時間あたりの事象の発生率を表す概念であり，観察期間における事象の数と，それにさらされるリスク対応生存延べ年数の比で定義される。死亡率とは発生事象として死亡を考えた人口学的率である。

期間 $[t_0, t_1]$ における粗死亡率　（The crude death rate between times t_0 and t_1）は，以下で定義される。

$$CDR[t_0, t_1] = \frac{D[t_0, t_1]}{E[t_0, t_1]}$$

ただし，$D[t_0, t_1]$：期間 $[t_0, t_1]$ における死亡数，$E[t_0, t_1]$：期間 $[t_0, t_1]$ における（死亡リスクに対応する）生存延べ年数である。

また，期間 $[t_0, t_1]$ における，年齢階級 $[x, x+n]$ の死亡率 $_nM_x[t_0, t_1]$ は，

$$_nM_x[t_0, t_1] = \frac{_nD_x[t_0, t_1]}{_nE_x[t_0, t_1]}$$

ただし，$_nD_x[t_0, t_1]$：期間 $[t_0, t_1]$ における年齢階級 $[x, x+n]$ の死亡数，$_nE_x[t_0, t_1]$：期間 $[t_0, t_1]$ における年齢階級 $[x, x+n]$ の生存延べ年数である。

粗死亡率は年齢構造の影響を受けることから，年齢構成の異なる地域間の比較や時系列比較では必ずしも適切な比較とはならないことがある。**図2-1** の実線は 1950 年以降のわが国の男性の粗死亡率を示したものである。これを見ると，概ね 1980 年頃までは率が低下しているものの，それ以降で死亡率が上昇してきていることがわかる。これは，1980 年以降で全体としての死亡水準が高くなったのではなく，死亡水準の高い高齢者が総人口に占める割合が上昇したこ

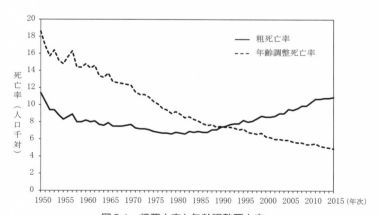

図2-1　粗死亡率と年齢調整死亡率

（資料）　厚生労働省「人口動態統計」.

と，すなわち高齢化によるものである。このような場合，標準化という手法を用い，年齢構成の影響を排除して測定を行う必要がある。

　標準化には直接法と間接法の2種類が存在する。直接法とは，基準人口（生存延べ年数）の年齢（階級）別人口（生存延べ年数）に，対象人口の年齢（階級）別死亡率を掛けた仮想的な死亡数を算出し，基準人口における人口学的率を求める標準化法である。一方，間接法とは，基準人口の年齢（階級）別死亡率に，対象人口における年齢（階級）別人口（生存延べ年数）を掛けた仮想的な死亡数を算出し，これに対する対象人口の現実の死亡数との比を求める標準化法である。

　直接法による標準化は以下のように考えられる。まず，i で年齢階級のインデックスを表し，粗死亡率 CDR を以下のように変形する。

$$CDR = \frac{D}{E} = \frac{\sum_i D_i}{E} = \sum_i \frac{D_i}{E} = \sum_i \frac{D_i}{E_i} \frac{E_i}{E} = \sum_i M_i \cdot C_i$$

ただし，E：総人口（生存延べ年数），D：総死亡数で，$C_i = \frac{E_i}{E}$ は年齢階級 i の人口（生存延べ年数）が総人口（生存延べ年数）に占める割合を表す。この式は，粗死亡率とは，年齢階級別死亡率を人口の年齢構成割合を用いて加重平均したものと見ることができることを表している。そこで，基準人口の年齢構成を一つ決めておき，この年齢構成割合を用いて比較を行うのが直接法による標準化である。すなわち，標準となる人口の年齢構成を，$C_i^S = \frac{E_i^S}{E^S}$ とし，

$$ASDR = \sum_i M_i \cdot C_i^S$$

としたものが，標準化された死亡率である $ASDR$：年齢調整死亡率（Age Standardized Death Rate）となる。

　直接法による年齢調整死亡率の基準人口の決め方は任意であるため，年齢調整死亡率の値自体は基準となる人口の決め方に依存する。厚生労働省の人口動態統計では，基準となる人口について，「昭和 60 年モデル人口」（昭和 60 年国勢調査人口を基礎に，ベビーブームなどの極端な増減を補正し，四捨五入によって 1,000 人単位としたもの）を用いている[2]。

一方，間接法による標準化は以下のように考えられる。死亡数 D は，

$$D = \sum_i M_i \cdot E_i$$

と書けるので，仮に，対象人口において基準人口の死亡率 M_i^S であったとした仮想的な死亡数 D^S は，

$$D^S = \sum_i M_i^S \cdot E_i$$

となる。そこで，D^S に対する D の比

$$SMR = \frac{D}{D^S} = \frac{\sum_i M_i \cdot E_i}{\sum_i M_i^S \cdot E_i}$$

を標準化死亡比 (Standard Mortality Ratio) と呼び，これが 1 よりも大きければ基準人口よりも対象人口の死亡レベルが高いと考えるのが間接法による標準化である。

　図2-1 の破線は直接法による標準化を行なった年齢調整死亡率を示したものである。こちらは粗死亡率とは異なり一貫した減少傾向にあり，わが国の死亡率水準が低下してきたことを適切に示している。

第 2 節　生命表

(1) 生命表とその概念

　生命表[3]は，死亡分析の基本的ツールであるとともに，重要な人口モデル (静止人口モデル) の一つである。最初の生命表は，Graunt (1662) による「死亡表に関する自然的および政治的観察」とされ，これは形式人口学のはじまりとも言われている。しかしながら，Wachter (2014) によれば，これは実際にはモデル生命表であったとされており，現在考えられる形式での生命表は，Halley (1693) によるブレスラウ市の生命表が初めてのものとされている。

　生命表は，同時出生コーホートが加齢に伴って死亡していく過程を年齢の関

数で表現したものであり，実際の出生コーホートに対して作成したものをコーホート生命表（世代生命表）と呼ぶ。ここで，出生時のコーホートの人数を l_0（基数）としたとき，x 歳で残存している人数を l_x（生存数）で表す。コーホート生命表は，そのコーホートが死滅するまで観察をしなければ作成できないので，人間の場合作成には 100 年以上かかることになる。

　一方，期間生命表は，ある特定の期間の年齢別死亡状況が不変であるとしたとき，それを生涯の経験として持つ仮想的なコーホート（仮設コーホート）に対して作成を行った生命表であり，一般的によく用いられているのはこの期間生命表である。

　生命表関数は以下により定義される。

- l_x 生存数：生命表上で一定の出生者 l_0（通常 100,000 人あるいは 1 とし，基数と呼ぶ）が死亡減少していくと考えた場合，x 歳に達するまで生き残ると期待される者の数。

- $_n d_x$ 死亡数：x 歳における生存数 l_x 人のうち，$x+n$ 歳に達しないで死亡する者の数。特に，$_1 d_x$ を x 歳における死亡数といい d_x と表す。

- $_n q_x$ 死亡確率[(4)]：ちょうど x 歳に達した者が $x+n$ 歳に達しないで死亡する確率。特に $_1 q_x$ を x における死亡確率といい q_x と表す。また，$_n p_x = 1 - {_n q_x}$ を生存確率という。

- $_n m_x$ 死亡率：死亡数をリスクに対応する生存延べ年数で除した人口学的率（人口動態率）。

- $_n a_x$ 死亡者の平均生存年数：x 歳に達した者のうち $x+n$ 歳に達しないで死亡する者の平均生存年数。

- μ_x 死力（ハザード）：ある瞬間における死亡率で $\mu_x = -\dfrac{d \log l_x}{dx} = -\dfrac{1}{l_x}\dfrac{dl_x}{dx}$ により定義される。

- $_n L_x$, T_x 定常人口：それぞれ，生命表上での区間 $[x, x+n]$ 及び区間 $[x, \infty]$ における生存延べ年数を表し，以下の式で定義される。

$$_n L_x = \int_x^{x+n} l_t \, dt, \qquad T_x = \int_x^\infty l_t \, dt$$

- e_x 平均余命：x 歳における生存数 l_x 人について，これらの者が x 歳以降に生存すると期待される年数であり，以下のように定義される。

$$e_x = \frac{T_x}{l_x}$$

特に 0 歳における平均余命 e_0 を，平均寿命と呼ぶ。

これら生命表関数の間には以下のような関係が成立する。

$$_nd_x = l_x - l_{x+n}$$

$$_nq_x = \frac{_nd_x}{l_x} = \frac{l_x - l_{x+n}}{l_x} = 1 - \frac{l_{x+n}}{l_x} = 1 - {}_np_x$$

$$_nL_x = nl_{x+n} + {}_na_x \, {}_nd_x = nl_x - (n - {}_na_x) \, {}_nd_x$$

$$_nm_x = \frac{_nd_x}{_nL_x} = \frac{_nd_x}{nl_x - (n - {}_na_x) \, {}_nd_x} = \frac{_nq_x}{n - (n - {}_na_x) \, {}_nq_x}$$

最後の式を $_nq_x$ について解くと以下の $_nm_x \rightarrow {}_nq_x$ 変換公式が導かれる。

$$_nq_x = \frac{n \, {}_nm_x}{1 + (n - {}_na_x) \, {}_nm_x}$$

また，これらの関係を図に表すと**図2-2** のようになる。

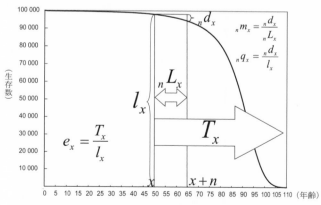

図2-2　生命表関数の関係

（資料）　国立社会保障・人口問題研究所「日本版死亡データベース」．

（2）生命表による分析

　生命表を用いることで，死亡に関する様々な分析を行うことができる。まず，重要なのは平均寿命をはじめとする，死亡分布の位置（生存年数の長さ）に関する指標である。平均寿命 e_0 は生命表上で，0歳の者の生存年数の平均値（期待値）を表す代表値であるが，死亡分布 d_x の期待値と捉えることも可能である。同様にして，死亡分布 d_x の中央値（寿命中位数）や最頻値も生存年数の長さを捉える指標として用いることができるが，これらは乳幼児死亡の影響を受けにくいことから，高齢死亡の分析に適した指標となっている。特に，Horiuchi *et al.*（2013）は，最頻値は完全に高齢死亡だけで決定され，死亡分布のシフトの状況をよく捉えていることなどから，寿命の延びが主に高齢死亡率改善に基づく近年の死亡分析において，最頻値を用いて分析を行うことの重要性を論じている。

　図2-3 は戦後の日本女性の平均寿命，寿命中位数，最頻値年齢の推移を示したものである。第二次大戦直後はわが国でも若年死亡率が高かったことから，三者の差は大きいことが観察されるが，次第に格差が小さくなり，高齢死亡率改善が中心となった1970年以降では同様の動きをしていることが見て取れる。

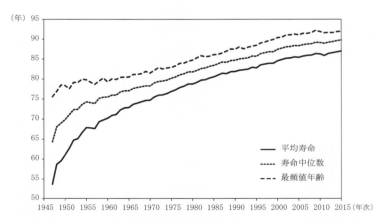

図2-3　平均寿命，寿命中位数，最頻値年齢の推移：日本女性 1947〜2015 年

（資料）　国立社会保障・人口問題研究所「日本版死亡データベース」.

　一方，分布の代表値としては，位置の他にばらつきに関する代表値もあり，死亡分布においてもこのような指標を考えることは有効である。特に，死亡分布のばらつきが小さくなることは生存数曲線の矩形化に対応していることから，Wilmoth and Horiuchi（1999）は死亡分布のばらつきの指標として Fixed Rectangle, Fastest decline, Interquartile range（IQR）などの 10 種類（生存数曲線 6 種類，死亡分布 4 種類）の指標を採りあげて矩形化に関する分析を行った。またこのほかにも，SD_{10}（10 歳以上の標準偏差）（Edwards and Tuljapurkar 2005），C_{50}（死亡分布の 50%を含む最小区間の幅）（Kannisto 2007）などの指標などを用いた分析がある。

　コーホート生命表と期間生命表による平均寿命の関係について，Goldstein and Wachter（2006）は「ギャップ」と「ラグ」という概念を用いて分析を行っている。ここで，時刻 t におけるギャップ $\gamma(t)$ とは，時刻 t に生まれたコーホートの平均寿命 $e_0^C(t)$ と，時刻 t の期間生命表による平均寿命 $e_0^P(t)$ の差 $\gamma(t) = e_0^C(t) - e_0^P(t)$，ラグ $\lambda(t)$ とは，時刻 t よりも λ 年前に生まれたコーホートの平均寿命 $e_0^C(t - \lambda)$ が $e_0^P(t)$ に等しくなる年数として定義される概念である。この定義の下で，死亡率改善が線形関数で起きる線形シフトモデルでは，ラグは線形関数でその傾きは $e_0^P(t)$ の変化率に等しいこと，ラグはギャップと $e_0^C(t)$ の変化率との比に等しいこと，死亡率改善の変化率が正の時，$e_0^C(t)$ の変化率は $e_0^P(t)$ よりも大きい，などの関係が導かれる。

　平均寿命の延びを年齢や死因などの要因に分解するのも生命表分析で重要な応用である。平均寿命の延びを年齢別に要因分解する手法としては，Pollard（1988），Arriaga（1984）がよく知られている。

　Arriaga（1984）の要因分解（Preston *et al.* 2001, p.64）は以下の通りである。人口 i，$(i = 1, 2)$ における生命表関数を，右肩に (i) を付して表す時，

$$e_0^{(2)} - e_0^{(1)} = \sum {}_n\Delta_x$$

ここで ${}_n\Delta_x$ は年齢区間 $[x, x+n]$ の死亡率が平均寿命の延びに与える寄与を表し，

$$_n\Delta_x = \frac{l_x^{(1)}}{l_0^{(1)}}\left(\frac{_nL_x^{(2)}}{l_x^{(2)}} - \frac{_nL_x^{(1)}}{l_x^{(1)}}\right) + \frac{T_{x+n}^{(2)}}{l_0^{(1)}}\left(\frac{l_x^{(1)}}{l_x^{(2)}} - \frac{l_{x+n}^{(1)}}{l_{x+n}^{(2)}}\right)$$

ただし，最後の開放区間のみ，$_\infty\Delta_x = \dfrac{l_x^{(1)}}{l_0^{(1)}}\left(\dfrac{T_x^{(2)}}{l_x^{(2)}} - \dfrac{T_x^{(1)}}{l_x^{(1)}}\right)$　とする。

　図2-4 は Arriaga の要因分解法に基づき，1950～2010 年の日本女性の平均寿命の延びの年齢階級別寄与を，10 歳階級・10 年間隔で示したものである。これを見ると，1950～1970 年では比較的若年層の死亡率改善が平均寿命の延びに大きく寄与しているのに対して，1970 年以降では高齢層の死亡率改善の寄与が大きいことが観察される。

　なお，Horiuchi *et al.*（2008）は，より一般的な指標についても年齢別死亡率での要因分解を可能とした手法を提案している（HWP decompsition method）。

　ここまで考えてきた生命表は，「均一な集団」から「単一の結果」（死亡）がもたらされるというものであったが，異質性を取り扱った生命表分析も考えられる（Wachter 2014, Chapter 8）。

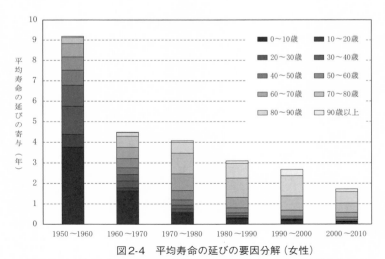

図2-4　平均寿命の延びの要因分解（女性）

（資料）　国立社会保障・人口問題研究所「日本版死亡データベース」により筆者算定.

　このうち，異質な複数の結果を取り扱うための拡張が多重減少生命表であり，その最も重要な応用が死因分析である。生命表を用いた死因分析としては，死因別死亡確率や特定死因を除去した場合の生命表があり，これらは厚生労働省の簡易生命表に毎年掲載されている。

　一方，単一の結果に対して，集団内の個人毎にリスクが異なるという異質性を取り扱う方法の一つが，Cox 比例ハザードモデル等により共変量を用いてハザード関数を推定するものである。また，個人毎の観察されない異質性によるセレクション効果を取り扱う方法として，Frailty モデル（Vaupel *et al.* 1979）がある。

(3) 生命表の作成

　期間生命表を実際の統計から作成するためには，観測される人口・死亡等のデータに基づいて年齢別死亡率 $_nM_x$ を求め，これを生命表の死亡率 $_nm_x$ に対応させてその他の生命表関数を求めるという手続きが必要となる。

　そこで，具体例として HMD の生命表の作成方法の概要を見てみよう。HMD の生命表は，上述の手続きを以下の 6 段階の手順に沿って行っている。

- 出生数：可能な限り長期間の性別年間出生数を収集する。
- 死亡数：可能な限り詳細なレベルの死亡数を収集し，生データがまとめられている場合，統一的な手法によって，満年齢別・死亡年別・出生年別（レキシストライアングル）の死亡数を推定する。
- 人口：各年 1 月 1 日現在推計人口を，統計データから得るか，またはセンサスと出生・死亡数に基づいて推計する。
- リスク対応生存延べ年数（Exposure-to-risk）：ある年齢×時間区間において，死亡リスクにさらされる生存延べ年数 $_nE_x$ を推計する。
- 死亡率：死亡率 $_nM_x$ は，ある年齢×時間区間に属する死亡数 $_nD_x$ の，対応する区間の生存延べ年数 $_nE_x$ に対する比として計算する。
- 生命表：生命表を作成するため，まず死亡確率 $_nq_x$ が死亡率 $_nm_x$ より計算され，これにより生命表が求められる。

　ここで一つのポイントとなるのが，1月1日現在人口の推計と死亡率の推計である。まず，1月1日現在人口の推計については，(1) 公式推計値の利用や線形補間による推計，(2) センサス間生残者推計，(3) 死滅コーホート推計，(4) 生残比推計という方法論を用いて，全ての年次・年齢の1月1日現在人口を推計する。

　次に，推計された人口と死亡数 $_nD_x$ を用い，死亡数 $_nD_x$ をリスク対応生存延べ年数 $_nE_x$ で割ることによって死亡率 $_nM_x$ を計算する。この $_nM_x$ を生命表上の死亡率に対応させ，さらに高齢部について80歳以上の死亡率を用いてロジスティック曲線への当てはめを行うことにより平滑化し，死亡率 $_nm_x$ を求める。

　次に，死亡確率 $_nq_x$ を死亡率 $_nm_x$ より計算するが，$[x, x+n]$ で生存数曲線がどのように減少するかによって両者の対応関係は変化する。この対応関係を表現する一つの方法として，$_na_x$ を仮定し，$_nm_x \rightarrow _nq_x$ 変換公式により $_nm_x$ を $_nq_x$ に変換するものがある。ここで，$_na_x$ の具体的な設定法としては，特に若い年齢を除いて $_na_x = \frac{n}{2}$ とし，若年層について Keyfitz and Flieger の方法等を用いることや，日本の公式生命表のように多項式近似によるもの，また，死亡状況が近い既存の生命表で代用するなどの方法がある。

　わが国の公式生命表においても作成の基礎的な原理は HMD と同様であるが，平滑化や当てはめ関数などの詳細は異なる。例えば完全生命表では，生年月別人口と死亡数から直接 q_x を求めて平滑化し，高齢部は Gompertz-Makeham 関数に当てはめを行う。一方，簡易生命表では，リスク対応生存延べ年数の代わりに中央人口を求めて M_x を作成し，高齢部は Gompertz-Makeham 関数に当てはめを行っている。都道府県別生命表でも中央人口を用いるが，5歳以上では5歳階級で死亡率を作成して各歳に補間し，高齢部は Gompertz-Makeham 関数に当てはめを行っている。また，市区町村別生命表では中央人口を用い，5歳階級の生命表を作成する。さらに，小地域であっても死亡率が安定的に推定できるよう，ベイズ推定を用いている。

第3節　死亡モデル

（1）人口動態事象のモデリング

　一般に人口動態事象は年齢によってその頻度が大きく異なる。年齢別に細かく人口学的率を見ると精密性は増すが，複雑度も増してしまうこととなる。そこで，年齢別率を単純な法則や規則を用いて表すことができると便利であり，これが年齢パターンをモデリングすることに相当する。

　人口動態事象モデルは様々な応用が可能である。まず，標準的な年齢パターンの特定によりイレギュラーなデータの特定が可能となる。また，モデルのパラメータを投影することによって人口動態事象の将来推計に利用できる。一方で，発展途上国など人口動態データを直接的に測定するのが難しい際に，モデルを用いることによって間接的な推定を行うことができる。さらに，モデルを解釈することによって，年齢による違いや異なる人口間の違いの要因分析にも応用が可能である。

（2）死亡モデル

　死亡モデルには大きく分けて数学的関数によるモデル，数表によるモデル，リレーショナルモデルの3種類がある。

　数学的関数によるモデルは年齢の数学的関数によって生命表関数を表現するもので，死亡法則（law of mortality）とも言われる。代表的なものとしては，死力が年齢の指数関数で表される Gompertz モデル（Gompertz 1825），また，これに定数項を付加した Gompertz-Makeham モデル（Makeham 1860），一方で，対数死力の増加速度が高齢層で緩やかになることから，死力をロジスティック曲線で表現する Perkes（1932）や Beard（1971）のモデルなどが代表的な例として挙げられる。

　一方，数表によるモデルは，経験に基づく，いくつかの数表によって生命表関数を表現するものである。最も広く用いられているのは，Coale-Demney のモ

デル生命表（Coale and Demney 1983）。これは，4つの種類（NORTH, SOUTH, EAST, WEST）について，それぞれ，25レベルのモデル的な生命表が作成されている。**図2-5**は，Coale-Demney のモデル生命表の WEST MODEL による女性生命表の死亡率のレベルによる違いと，LEVEL10 の女性生命表におけるモデルによる違いを示したものである。このように，モデル生命表を用いることにより，生命表の形状のパターンに応じ，様々なレベルの生命表を簡単に取り扱うことが可能となるのである。

　数学的関数によるモデルは既知の数学的関数から構成されていることから取り扱いがしやすいが，実際の死亡曲線は複雑な形状をしていることから，数学的関数の組み合わせだけで表現しようとすると，必要な関数やパラメータの数が増加し，複雑になってしまうという面がある。一方で，モデル生命表は，経験に基づくデータを数表にしてモデル化することからこのような問題は生じないものの，様々なパターンに対応するために種類を増やしていくと，表の数が多くなり簡明さが失われるという面がある。

　そこで，両者のよい部分を組み合わせたのがリレーショナルモデルである。リレーショナルモデルは，経験に基づく（数表による）標準的な年齢パターンと，そこからの変化に関するパラメータを組み合わせて生命表関数を

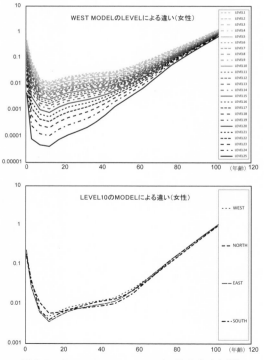

図2-5　Coale-Demney のモデル生命表（女性）
（資料）　Coale and Demney（1983）．

表現するものであり，ブラス・ロジットシステム，リー・カーター・モデルなどが代表例である。

　ブラス・ロジットシステムは，l_x をロジット変換した関数 $Y_x = \log\left(\frac{l_x}{1-l_x}\right)$ を考え，ある基準となるパターン Y_x^s を用いて，任意の Y_x^a が，$Y_x^a = \alpha + \beta Y_x^s$ と表されるとするモデルである。ここで，α がレベル，β がシェイプを表すパラメータとなっている（Brass 1971）。

　一方，リー・カーター・モデルは，年齢別死亡率を，標準となる年齢パターン，死亡の一般的水準（死亡指数），死亡指数の動きに対する年齢別死亡率変化率および誤差項に分解することで，死亡の一般的水準の変化に応じて年齢ごとに異なる変化率を記述するモデルであり，現在国際機関や各国が行う将来推計において標準的なモデルとして広く用いられている（Lee and Carter 1992）。

$$\log m_{x,t} = a_x + k_t b_x + \epsilon_{x,t}$$

　ここで，$\log m_{x,t}$：対数死亡率，a_x：対数死亡率の標準的な年齢パターン，k_t：死亡水準（死亡指数），b_x：k_t が変化する時の年齢別死亡率の変化，$\epsilon_{x,t}$：平均 0 の残差項である。

おわりに

　本章では，死亡分析の基礎として，死亡分析の特色や統計，標準化手法，また，生命表として，その概念，指標，応用分析，作成法を述べるとともに，死亡モデルについて解説した。死亡分析は，生命表分析など人口学方法論の中で古くから基礎的な手法となってきたが，近年の先進諸国では高齢死亡率改善が顕著となっており，このような新たな動向を捉える観点などから，現在でも手法の研究が発展している分野である。また，HMD プロジェクトによる国際的な生命表データベースの整備は，近年の死亡・寿命研究を大きく発展させたということができよう。

　わが国の死亡率は国際的にもトップクラスの水準を保ちつつ，さらなる改善

を続けている。このような他の先進諸国には見られない死亡率の特異性は，様々な方法論の発展にも関わらず，既存の方法論や死亡モデルでは捉えにくい性格を有している。このように，死亡分析の方法論やモデリングは今後もさらなる研究が必要な分野といえる。

注

(1) 人口学的率など人口学方法論の基礎的概念の詳細については，Preston *et al.*（2001）や Wachter（2014）を参照されたい。

(2)「昭和 60 年モデル人口」は設定から 25 年以上が経過したことから，厚生労働省では「基準人口の改訂に向けた検討会」を設置して新しい基準人口に関する検討を行い，2020 年 6 月に報告を取りまとめた。その中では，平成 27 年国勢調査に基づく「平成 27 年平滑化人口」を新たな基準人口とすることが適当であるとされていることから，今後，人口動態調査の年齢調整死亡率の算定にあたっては，「平成 27 年平滑化人口」が用いられることとなる。

(3) 生命表に関する理論及びその応用については，Chiang（1984）や山口ほか（1995）を参照されたい。

(4) わが国の公式生命表では，死亡確率 $_nq_x$ を死亡率，死亡率 $_nm_x$ を中央死亡率と呼んでいるが，$_nq_x$ は人口学的率ではなく確率を示すものであるから，ここでは死亡確率とした。

参考文献

国立社会保障・人口問題研究所「日本版死亡データベース」，http://www.ipss.go.jp/p-toukei/JMD/index.html.

山口喜一・南條善治・重松峻夫・小林和正編著（1995）『生命表研究』古今書院.

Arriaga, E. E.（1984）"Measuring and Explaining the Change in Life Expectancies," *Demography*, Vol.21(1), pp.83-96.

Beard, R. E.（1971）"Some Aspects of Theories of Mortality, Cause of Death Analysis, Forecasting and Stochastic Processes," *Biological Aspects of Demography*. London: Taylor & Francis.

Brass, W.（1971）"On the Scale of Mortality," W. Brass（ed.）, *Biological Aspects of Demography*. Taylor and Francis, pp.69-110.

Coale, A. J. and P. Demeny（1983）*Regional Model Life Tables and Stable Populations（2nd ed.）*, New York: Academic Press.

Chiang, C. L.（1984）*The Life Table and Its Applications*. Robert E. Krieger Publishing Company.

Edwards, R. D. and S. Tuljapurkar（2005）"Inequality in Life Spans and a New Perspective on Mortality Convergence Across Industrialized Countries," *Population and Development Review*, Vol.31（4）, pp.645-674.

Goldstein, J. R. and K. W. Wachter（2006）"Relationships between Period and Cohort Life Expectancy: Gaps and Lags," *Population Studies*, Vol.60（3）, pp.257-269.

Gompertz, B.（1825）"On the Nature of the Function Expressive of the Law of Human Mortality, and on a New Mode of Determining the Value of Life Contingencies," *Philosophical Transactions of the Royal Society of London*, Vol.115, pp.513-583.

Graunt, J.（1662）"Natural and Political Observations Mentioned in a Following Index, and Made upon the Bills of Mortality," *Journal of the Institute of Actuaries*, Vol.90, pp.1-61.

Halley, E.（1693）"An Estimate of the Degrees of the Mortality of Mankind," *Philosophical Transactions*, Vol.17, pp.596-610, 653-656.

Horiuchi, S., N. Ouellette, S. L. K. Cheung, J.-M. Robine *et al.*（2013）"Modal Age at Death: Lifespan Indicator in the Era of Longevity Extension," *Vienna Yearbook of Population Research*, Vol.11, pp.37-69.

Horiuchi, S., J. R. Wilmoth, and S. Pletcher（2008）"A Decomposition Method Based on a Model of Continuous Change", *Demography*, Vol.45（4）, pp.785-801.

Human Mortality Database（www.mortality.org/ www.humanmortality.de）, University of California, Berkeley(USA) and Max Planck Institute for Demographic Research (Germany).

Kannisto, V.（2007）"Central and Dispersion Indicators of Individual Life Duration: New Methods," *Human Longevity, Individual Life Duration, and the Growth of the Oldest-Old Population*. Springer, pp.111-129.

Lee, R. and L. Carter（1992）"Modeling and Forecasting U.S. Mortality," *Journal of the*

American Statistical Association, Vol.87 (419), pp.659-675.

Makeham, W. M. (1860) "On the Law of Mortality and the Construction of Annuity Tables," *The Assurance Magazine, and Journal of the Institute of Actuaries*, Vol.8 (6), pp.301-310.

Perks, W. (1932) "On Some Experiments on the Graduation of Mortality Statistics," *Jounal of the Institute of Actuaries*, Vol.63, pp.12-40.

Pollard, J. H. (1988) "On the Decomposition of Changes in Expectation of Life and Differentials in Life Expectancy," *Demography*, Vol.25 (2), pp.265-276.

Preston, S. H., P. Heuveline, and M. Guillot (2001)*Demography: Measuring and Modeling. Population Processes*, Blackwell Publishers.

Vaupel, J. W., K. G. Manton, and E. Stallard (1979) "The Impact of Heterogeneity in Individual Frailty on the Dynamics of Mortality," *Demography*, Vol.16 (3), pp.439-454.

Wachter, K. W. (2014)*Essential Demographic Methods*, Harvard University Press.

Wilmoth, J. R. and S. Horiuchi (1999) "Rectangularization Revisited: Variability of Age at Death within Human Populations," *Demography*, Vol.36 (4), pp.475-495.

（石井　太）

第3章　日本の健康寿命

はじめに

　前章まででみてきたように，現在では日本を含む先進諸国のみならず，一部の開発途上諸国においても死亡率が高い状態から安定的に低水準を維持する死亡力転換（または疫学的転換）を終えている（UN 2019，別府 2012）。この死亡力転換に伴い，世界的に乳幼児死亡率をはじめとした若年齢での死亡率低下はほぼ完了し，現在では高年齢での死亡率低下へと焦点が移ってきている。世界全体の平均寿命も 1950 年代の 50 年未満から現在では 70 年以上へと延びている（UN 2019）。長寿は人類の長年の夢であったが，既にこうした国々の多くの人々にとって，高齢期まで生存することはほぼ確実となり，人生の「前提条件」とすら考えられるようになった。なかでも現代の日本はこうした長寿化の先頭を走っている。

　この長寿化の背景には，感染症が主体の疾病構造から生活習慣病が主体の疾病構造への転換，すなわち「健康転換」の過程が存在する[1]。これを死因構造の変化という視点から捉えれば「疫学的転換」と呼ばれる過程となる（Omran 1971）。健康転換は死因と病気に焦点を当てることによって人口学と疫学とが強く関係していることを示す（Riley 2001）。

　突然だが，あなたは健康だろうか[2]。多くの人は比較的簡単に自身が健康なのか健康でないのかについて答えられることだろう。しかし，そもそも健康とは何であるかと問われれば，答えることは案外難しいのではなかろうか。WHO（World Health Organization：世界保健機関）はその憲章の前文において，「健康

とは単に病気または虚弱でないのみならず，肉体的，精神的，社会的に，すべてが良好な状態（原文：Health is a state of complete physical, mental and social well-being and not merely the absence of disease or infirmity）」と定めている（WHO 1948）。

この定義は健康を単に疾病の有無等といった身体的な事柄にとどまらず，精神的，あるいは社会的に多方面から意味づけを行ったことに特徴がある。しかし，この定義が決められた当時から世界の疾病構造は大きく変化しており，実際の変更にまでは至っていないものの，この定義を見直す議論はこれまでにもあった（臼田ほか 2004，Huber ほか 2011 など）。

国民の健康度を測定するという側面からみると，この WHO の定義のうちで「病気でない」は測定可能としても，「精神的，社会的にすべてが良好」という状態を定量的に測定することは容易でない。健康寿命を算出する際は日常生活動作や疾病の有無などについて調査を行い，その結果を健康もしくは不健康の定義として用いることが多くなっている。

第 1 節　日本の健康政策

日本の健康政策は 1970 年代から 10 か年計画で実施されてきた。2021 年現在で実施されている健康政策は，第 4 次の健康政策にあたる「21 世紀における第 2 次国民健康づくり運動」，通称「健康日本 21（第 2 次）」である（**表3-1**）。なお，1970 年代はそれまで死因の大部分を占めていた感染症が低下し，代わって生活習慣病が台頭してきた頃である。以下で，各健康政策の内容について概観しよう。

(1) 第 1 次国民健康づくり対策（1978〜1988 年度）

第 1 次国民健康づくり対策では，生涯を通じる健康づくりと健康増進事業の推進の 2 つが主な対策とされた。このうち健康づくりでは，主に成人病予防の

表3-1　健康づくり対策の変遷

期間	第1次国民健康づくり対策 1978〜1988年度	第2次国民健康づくり対策 1988〜1999年度	第3次国民健康づくり対策 2000〜2012年度	第4次国民健康づくり対策 2013年度〜
名称	—	アクティブ80ヘルスプラン	21世紀における国民健康づくり運動（健康日本21）	21世紀における国民健康づくり運動（健康日本21〈第2次〉）
基本的考え方	1. 生涯を通じる健康づくりの推進 2. 健康づくりの3要素（栄養，運動，休養）の健康増進事業の推進（栄養に重点）	1. 生涯を通じる健康づくりの推進 2. 栄養，運動，休養のうち遅れていた運動習慣の普及に重点を置いた，健康増進事業の推進	1. 生涯を通じる健康づくりの推進 2. 保健医療水準の指標となる具体的目標の設定及び評価に基づく健康増進事業の推進 3. 健康づくりを支援する社会環境づくり	1. 健康寿命の延伸・健康格差の縮小 2. 生涯を通じる健康づくりの推進 3. 生活習慣病の改善とともに社会環境の改善 4. 保健医療水準の指標となる具体的な数値目標の設定及び評価に基づく健康増進事業の推進
施策の概要	①生涯を通じる健康づくりの推進 ②健康づくりの基盤整備等 ③健康づくりの啓発・普及等	①生涯を通じる健康づくりの推進 ②健康づくりの基盤整備等 ③健康づくりの啓発・普及	①健康づくりの国民運動化 ②効果的な健診・保健指導の実施 ③産業界との連携 ④人材育成（医療関係者の資質向上） ⑤エビデンスに基づいた施策の展開等	①健康寿命の延伸と健康格差の縮小 ②生活習慣病の発症予防と重症化予防 ③社会生活に必要な機能の維持・向上 ④健康を支え，守る社会環境の整備 ⑤生活習慣及び社会環境の改善等

（資料）　厚生労働省『平成28年版厚生労働白書』p63より一部抜粋.

ための1次予防が中心とされ，健康増進事業では健康づくりの3要素（栄養，運動，休養）の中でも，とくに栄養を対象に健康増進事業の推進を行った。この対策により乳幼児から高齢期に至るまでの健康診査体制が整えられたほか，肥満と痩せの判定表が策定され公表された。

（2）第2次国民健康づくり対策《アクティブ80ヘルスプラン》（1988〜1999年度）

　第2次国民健康づくり対策では，第1次で行った健康の3要素への対策の中でも遅れていた運動習慣の普及に重点を置き，健康増進事業が推進された。また，健康づくりのための食生活指針と外食栄養成分表示ガイドラインを，いずれも1990年に策定した。

　このほか，1987年に「喫煙と健康問題に関する報告書」（厚生省 公衆衛生審議会）がまとめられた。また，翌1988年にWHOの「世界禁煙デー」が開始さ

れたことを受け，喫煙に対する再検討が行われ，1995 年に「たばこ行動計画検討会報告書」がまとめられた。この中では喫煙者本人の健康影響に加え受動喫煙による非喫煙者への健康影響について，業界等が自主的に対応することが求められた。この段階では，まだ自主的な対応を求めているのみである。

(3) 第 3 次国民健康づくり対策《21 世紀における国民健康づくり運動（健康日本 21)》（2000〜2012 年度）

　第 3 次対策では，第 1 次・第 2 次で行われてきた生涯を通じた健康づくりに，「一次予防」の重視，生活の質の向上に加えて初めて健康水準の数値指標である健康寿命の延伸が取り入れられ，政策効果の数値化が計られた。また，この第 3 次対策中の 2002 年には健康増進法が成立・公布されるとともに，2008 年度からは特定健診・特定保健指導，俗に言う「メタボ健診」が開始されるなど，健康づくりの国民運動化が進められた。

　この第 3 次対策と並行して，すべての子どもが健やかに育つ社会の実現を目指した「健やか親子 21」（2001〜2014 年）が新たに開始され，「切れ目のない妊産婦・乳幼児への保健対策」や「子どもの健やかな成長を見守り育む地域づくり」といった課題について各種の支援・対策が行われた。

(4) 第 4 次国民健康づくり対策《21 世紀における第 2 次国民健康づくり運動（健康日本 21（第 2 次))》（2013 年度〜）

　現在推進されている第 4 次対策は，健康日本 21 の最終評価が 2012 年に行われたのを受けて「国民の健康の増進の総合的な推進を図るための基本的な方針」が改正され，同年 7 月 10 日に「健康日本 21（第 2 次)」として厚生労働大臣より告示されたものである。

　政策の数値目標として「健康寿命の延伸」と「健康格差の縮小」が取り上げられており，また，生活習慣病の発症予防と重症化予防の徹底，社会生活を営むために必要な機能の維持及び向上，健康を支え，守るための社会環境の整備とともに，栄養・食生活，身体活動・運動，休養，飲酒，喫煙及び歯・口腔の

健康に関する生活習慣及び社会環境の改善が図られている。

　並行して「健やか親子 21（第 2 次）」（2015〜2024 年）が施行されている。この政策では 10 年後に目指す姿を「すべての子どもが健やかに育つ社会」とし，基盤課題として「切れ目のない妊産婦・乳幼児への保健対策」等を設定している。

　健康日本 21（第 2 次）の目標の設定・評価は次のとおりとなっている。

- 国は，国民の健康増進について全国的な目標を設定し，広く国民や健康づくりに関わる多くの関係者に対してその目標を周知。
- 具体的な目標を設定するに当たっては，科学的根拠に基づき，実態の把握が可能な具体的目標を設定。
- 具体的目標については，概ね 10 年間を目途として設定。設定した目標のうち主要なものについては，継続的に数値の推移等を調査及び分析。
- 目標設定後，概ね 5 年で中間評価，同 10 年で最終評価を実施し，その後の健康増進の取組に反映。

　この「健康日本 21（第 2 次）」では国民の健康度を測定する指標として健康寿命を採用し，この健康寿命の延びが平均寿命の延びを上回ることを目標としている。

第 2 節　健康寿命とは

　国民の健康状態，もしくは公衆衛生の水準を測る代表的な指標として平均寿命がある。この平均寿命は，全国民の死亡状況を一つの指標で端的に表すことができる優れた指標である。しかしながら，究極の不健康状態としての死亡のみを観察対象としているため，死亡まで至らない人の健康状態がどのような状態なのかという「生存の質」（小泉 1985）については考慮されない。

　死亡に加えてこの「生存の質」を考慮に入れ，平均寿命の考え方を健康に応用した指標が健康寿命と言える。この健康寿命は国民全体の健康度を測定する

指標の一つであり，出生時，すなわち 0 歳時点において「（死亡するまでに）健康でいられる平均期間」を表す。この健康寿命が延びることは，国民の健康度が高まっていること，言い換えれば国民の「生活の質」（Quality of Life：QOL）が向上していることを示すことになる。

　さて，健康寿命には大きく 2 つの考え方がある。その一つは健康状態別余命（Healthy Life Expectancy：HLE）であり，もう一つは障害調整生存年数（Disability-Adjusted Life Year：DALY）である。新聞報道などではいずれも「健康寿命」とされることが多いが，この 2 つは定義が大きく異なっている。以下で概説したい。

　健康状態別余命 HLE は，不健康でない状態で生存する平均年数を示す。通常は「不健康」な状態について定義をし，生存期間（平均余命 Life Expectancy：LE）から不健康状態での生存期間を差し引いて算出される（斎藤 2001, 2013；Robin *et al.* 2003）。前述のとおりこの不健康状態には様々な定義があるため，多様な健康余命が計算される。この方法は健康に関する調査から比較的簡単に算出でき，また解釈もしやすいという利点がある。厚生労働省が公表している「健康寿命」もこの一つである。

　この健康余命とは全く異なるアプローチで健康を扱っている指標が，死亡や疾病による生存期間の喪失に着目した障害調整生存年数（Disability-Adjusted Life Year：DALY）である（World Bank 1993, Lopez *et al.* 2006, WHO 2017, GBD 2017）。この期間は，疾病や障害を持ちながら生存した期間（障害生存年数 Years of Life lost due to Disability：YLD）と，死亡が早まることで失われた期間（損失生存年数 Years of Life Lost：YLL）を 1 つの指標に統合したものと定義され，その人口が持つ死亡・疾病の負担状況を示す（Lopez *et al.* 2006）。この障害調整生存年数の特徴の一つとして，年齢・疾病・障害の程度や回復可能性によって，健康な状態での生存期間に対して 0（健康状態）〜1（死亡）の重み付けが行われる点がある。この指標は，WHO が "Global Burden of Disease：GBD"（世界疾病負荷）として世界各国について算出している（WHO 2000, 2008, 2017 ほか）。また，近年では一部研究者が米国ワシントン大学を中心とした研究プロジェク

ト IHME（Institute for Health Metrics and Evaluation）を立ち上げ，GBD に関する研究プロジェクトを進めている（GBD 2017 など）。日本では都道府県など地域別の疾病負荷も算出されている（Nomura *et al.* 2017）。

　また，WHO は DALY とは別に健康調整生存年数（Healthy Adjusted Life Expectancy：HALE）という指標も公表している[(3)]（WHO 2001, 2018）。この指標は個人が生涯に期待できる完璧な健康状態での生存年数を示し，GBD から得られる情報をもとに計算される（Mathers *et al.* 2003）。2016 年における日本の HALE は 74.8 年で，掲載されている 183 か国中，シンガポールに続いて 2 位である（WHO 2018）。

　ところで，平均寿命が延びているなかで健康期間はどのように推移しているのだろうか？　実は，この両者の関係について必ずしも定説は得られていない。医療の進歩は感染症を罹患している期間を減らしたものの，その一方で生活習慣病を患っている期間を延ばしているとの見方がある（Gruenberg 1977 ほか）。これとは逆に，医療の進歩にともなって疾病期間はむしろ短縮し「疾病の圧縮」（compression of morbidity）が起こるという見方もある（Freis 1980 ほか）。端的に言えば，病気になる前の期間が延びているのか，病気になってからの期間が延びているのかということであり，この点について世界中の研究者が検証を行っている。突き詰めて言えば，健康寿命研究はこの「疾病の圧縮」が起こっているか否かを確認することであると言える（Nusselder 2003）。健康期間が平均寿命の伸長とどのような関係にあるのかは日本のみならず世界全体，人類全体の関心事である。

　さて，健康生命表を作成するためには，一般の生命表における死亡率に相当する，健康状態の変化率（**図3-1** の「→」部分）が必要である。この変化率を用いた分析では，例えば介護状態の変化などといった客観的に把握できる事象や，縦断調査を行って健康状態を追跡

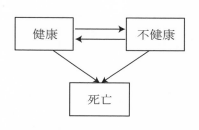

図3-1　健康状態間の異動概念

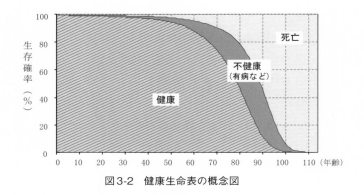

図3-2　健康生命表の概念図

し，そこから健康状態の変化率を求める方法が用いられる。ただし，一般にこうした健康状態の変化率を測るために必要な情報を得るには，その内容を質問に含めた独自の調査を設計して実施する必要になる。

　一方で，単に一時点の健康状態についてであれば既存の調査から得られる場合がある。この健康状態別人口を用いて健康生命表を作成する方法としてサリバン（Sullivan）法がある。サリバン法とは，別途作成された通常の生命表と健康状態別人口割合を用いて定常人口を健康状態別に分解することにより健康状態別余命を算出するという方法である（Sullivan 1971，齋藤 2001）。

　現代の日本社会では単に死亡率の低下によって長寿化を実現するだけでなく，健康的に生活すること，換言すれば健康という「生存の質」（小泉 1985）を高めることが国民の重大な関心事となっている。健康水準に関する日本の先行研究として，小泉（1985）は厚生労働省の『患者調査』から受療率を求め，同省『国民生活基礎調査』から有病率を用いた「健康・生存数曲線」による分析を試みている。また齋藤（2001）は厚生労働省『国民生活基礎調査』，『社会福祉施設等調査報告』等をもとに1990年代の健康生命表を作成し，健康期間，施設等への入所期間，要介護期間等の分析を行っている。一方，山口・梯（2001）は高齢者の生活と健康に関連した都道府県別データをもとに平均自立期間等に影響を与える要因分析を行い，平均自立期間は要介護期間との関連が弱く，むしろ平均余命と共通した性質が強いこと等を示している。また林（2015）は，『国

民生活基礎調査』から寝たきり率を推定した上で非寝たきり寿命および介護不要寿命について分析し，平均寿命が延びても寝たきり期間はほぼ一定であること，年齢別の寝たきり率は 85 歳未満では低下傾向にあることを示した。こうした研究ベースとは別に，健康政策の施行にあたっては政府も国民の健康状況の指標化を試みており（例えば，国民生活審議会調査部会編 1974），現行の健康政策である「21 世紀における第 2 次国民健康づくり運動（健康日本 21（第 2 次））」において「健康寿命」が政策目標として扱われることとなった（厚生労働省 2012b, 2014；橋本 2012）。

第 3 節　健康寿命の推移

　現在進められている健康日本 21（第 2 次）では，政策目標として「健康寿命の延伸と健康格差の縮小」が掲げられている。この政策における健康寿命は，以下の二つの定義を用いている（厚生労働省 2012b）。すなわち日常生活動作（Activity of Daily Life：ADL）ベースである「日常生活に制限のない期間の平均」と，主観的健康度ベースである「自分が健康であると自覚している期間の平均」である。このうち「日常生活に制限のない期間の平均」が主指標，「自分が健康であると自覚している期間の平均」は副指標とされている（厚生労働省 2012a）。
　一般にはこれらのほかに，「国民生活基礎調査」によるデータが得られない市区町村が独自に算出可能な指標として，要介護度を用いた「日常生活動作が自立している期間の平均（平均自立期間）」という定義もある（橋本 2012）。橋本（2012）では要介護 2〜5 を不健康と定義している。したがって，一口に健康寿命といっても異なる定義が多数あり，それぞれに解釈や目的が異なっていることに留意する必要がある。
　次に，日常生活動作への影響，および主観的健康度による健康寿命がこれまでどのように推移してきたのかをみてみよう。なお，「国民生活基礎調査」における健康関連の調査は 3 年ごとの大調査時に行われているため，これを用いて

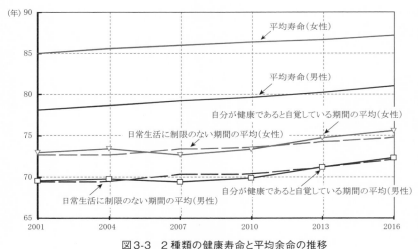

図3-3　２種類の健康寿命と平均余命の推移
（資料）　厚生労働省「国民生活基礎調査」「簡易生命表」に基づく.

算出される健康寿命も３年おきとなる。

　データが得られる2001年から2016年までは，日常生活に影響のない平均期間および健康と自覚する平均期間のいずれも延長傾向にあった（**図3-3**）。両者を比べると，男性ではほぼ同様の水準であるが，女性では日常生活に影響のない平均期間より健康と自覚する平均期間の方が若干長い傾向がある。

　さて，本来，健康に関する概念はそれぞれが独立ではなく，相互に関連し合っていると考えられる。そこで，日常生活動作への影響および主観的健康感のそれぞれによる平均期間の関係を考えたい。[4]

　ところで，『国民生活基礎調査』では病院や特別養護老人ホームなどの施設への調査を行っておらず，そのため施設等に入院・入居している人の状況が得られない。施設等に入っている人と一般世帯に住んでいる人の健康構造が近似していると考えられれば，国民生活基礎調査の健康構造を施設等の世帯へも当てはめ，日本全体について健康構造を得ることできる。しかしながら，施設に入院・入居している人は要介護度が高いなど，一般世帯に住んでいる人の健康構造とは異なる可能性も高い。そこで別途，施設等に入院・入居し

ている人数を推定し，健康構造の分析とは別に分析することで人口全体の補足を試みる（別府・髙橋 2018a, 2018b）。

図3-4は，年齢別人口に占める病院・施設への入院・入所割合，および病院への通院割合を示している。[5] 入院者の割合をみると，男女とも70歳付近までは1%程度と低い水準に留まっているが，70歳代後半からは急激に水準が高くなっている。社会施設入所者の割合も高年齢ほど高くなる傾向があり，また70歳代後半からは女性の方が高くなっている。[6]

他方，通院者の割合は40歳から年齢が上がるにつれて上昇するが，70歳代後半から80歳代前半にピークを迎えた後は年齢とともに低下を示しており，

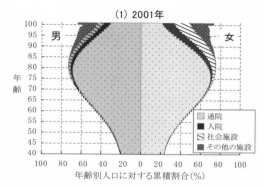

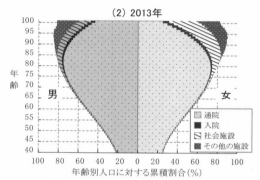

図3-4　モデル化された施設入所者および通院者の割合：2001，2013 年

（資料）　別府・髙橋（2018a, 2018b）．厚生労働省「国民生活基礎調査」，総務省統計局「国勢調査」をもとにモデル化した割合．

入院割合や社会施設入所者割合の年齢パターンとは異なる傾向となっている。入院および通院の割合におけるこうした傾向は，患者調査を用いた分析でも指摘されている（別府・髙橋 2015, 2017）。

こうした通院パターンから導き出される通院期間あるいは通院なしの期間について検討してみよう。これらの期間を統計量として算出するためには健康生命表を作成する必要がある。健康生命表の作成方法にはいくつかの手法が存在するが，この研究では既存の生命表と健康状態に関する統計から比較的簡便に

作成することが可能なサリバン法を用いて作成しよう。

　前述の病院・施設への入院・入所割合，通院割合と各年の生命表を用いて入院・入所および通院の有無別に平均期間を求めた結果が**表3-2**である。同表をみると，男女とも，平均余命を始めとした2013年の諸指標は，通院なしの期間を除くと，100歳以外のいずれの年齢においても2001年と比較して伸長する傾向が見られる。その一方で，通院なしの期間は男女とも40歳時点で1〜2年ほど短縮している。

　ここで65歳について2001年と2013年を比較すると，平均余命は男女とも1.4年伸長している。これに対し，施設等に入院・入所している平均期間は0.2〜0.4年の延びと小さいが，平均通院期間は2年ほどの伸長で平均余命の延びを上回っており，このため通院なしの期間は1年ほど短縮している。男女で比較すると，入院・入所期間と通院なしの期間は男女差がほとんどないのに対し，通院期間は女性の方が男性よりも長い傾向があり，40歳時点で5〜6年ほど，65歳時点でも3年弱，長くなっている。

　さて，各平均期間はその長さ自体も重要な意味を持つが，平均余命に占める各期間それぞれの割合という視点も重要である（齋藤 2001）。そこで次に，ある年齢の平均余命に対し，入院・通院の有無別に各期間がどの程度の割合かを観察しよう。

　入院・入所中の期間割合をみると，40歳代では男性が2〜3％，女性が4〜5％に過ぎないが，65歳以上になると大きくなり，85歳では男性が13〜15％，女性が24〜28％に及んでいる。時系列で比較すると，近年になるほど平均余命に占める平均入院期間の割合は大きくなる傾向にある。ただし，病院等へ入院している期間の割合は時系列で小さくなっており，この結果は別府・高橋（2017ほか）の結果とも合致する。

　通院の場合も，加齢とともに平均余命に占める平均通院期間の割合が大きくなる傾向は共通して見られるが，75歳以上になると逆に平均余命に占める割合が低下している。これは前掲図3-4で示したように，高年齢における通院割合の低下が影響している。また時系列変化をみると，いずれの年齢も平均余命に

表3-2　平均余命、施設等への入院・入所、通院の有無別平均期間：2001, 2013年 (年)

男女/年齢	平均余命 2001年	平均余命 2013年	施設・病院等に入院・入所中 2001年	2013年	うち病院等 2001年	2013年	うち社会福祉施設等 2001年	2013年	入院・入所なし 2001年	2013年	通院なし 2001年	2013年	通院中 2001年	2013年
男性 40	39.37	41.29	0.93	1.07	0.45	0.30	0.31	0.56	38.45	40.22	20.82	19.14	17.62	21.08
50	30.15	31.92	0.85	1.00	0.42	0.29	0.29	0.53	29.30	30.92	13.63	12.13	15.67	18.79
65	17.71	19.08	0.74	0.91	0.35	0.24	0.27	0.50	16.97	18.17	5.78	4.92	11.19	13.25
75	10.87	11.74	0.71	0.87	0.32	0.20	0.27	0.49	10.16	10.86	3.10	2.33	7.07	8.53
85	5.77	6.13	0.72	0.89	0.27	0.16	0.24	0.44	5.05	5.24	1.78	1.00	3.27	4.24
100	2.13	2.14	0.70	0.81	0.14	0.10	0.13	0.26	1.43	1.33	0.77	0.40	0.66	0.93
女性 40	45.74	47.32	1.98	2.35	0.82	0.43	0.90	1.47	43.76	44.96	21.32	19.76	22.44	25.20
50	36.21	37.74	1.96	2.34	0.81	0.43	0.90	1.47	34.25	35.39	14.25	12.90	20.01	22.50
65	22.60	23.96	1.96	2.35	0.78	0.40	0.91	1.48	20.64	21.62	6.56	5.52	14.09	16.09
75	14.33	15.39	1.98	2.37	0.76	0.36	0.93	1.51	12.36	13.01	3.79	2.66	8.57	10.35
85	7.63	8.18	1.86	2.30	0.65	0.30	0.82	1.35	5.77	5.89	2.15	1.03	3.61	4.86
100	2.45	2.48	1.26	1.42	0.30	0.16	0.39	0.74	1.19	1.05	0.66	0.44	0.53	0.61

（資料）別府・高橋 (2018a, 2018b). 平均余命は国立社会保障・人口問題研究所「死亡データベース」による。

（注）入院・入所者は、病院、診療所又は介護保険施設等に入院又は入所している者。通院者は、世帯員（施設等に入所している者を除く）のうち、病気やけがで病院や診療所等に通っている者。

表3-3　健康生命表から得られた主観的健康度別定常人口 (L_x) の割合：2001, 2013年 (%)

年齢	2001年 男 施設・病院等	比較的よい	ふつう	比較的わるい	2001年 女 施設・病院等	比較的よい	ふつう	比較的わるい	2013年 男 施設・病院等	比較的よい	ふつう	比較的わるい	2013年 女 施設・病院等	比較的よい	ふつう	比較的わるい
40～44	0.9	43.3	46.2	9.6	0.4	40.4	47.4	11.8	0.8	41.7	47.6	9.9	0.3	39.5	48.1	12.1
45～49	1.1	41.4	47.6	9.9	0.5	37.7	50.1	11.7	0.9	37.6	51.1	10.4	0.4	35.1	51.1	13.4
50～54	1.2	39.7	48.4	10.7	0.5	36.0	51.1	12.4	1.0	34.8	53.0	11.2	0.5	32.2	53.6	13.7
55～59	1.3	37.8	48.7	12.2	0.7	34.4	50.9	14.0	1.2	32.6	53.6	12.6	0.6	30.8	54.9	13.7
60～64	1.5	35.5	48.4	14.6	0.8	32.2	50.3	16.7	1.4	30.9	53.2	14.5	0.8	29.8	54.9	14.5
65～69	1.8	32.9	47.6	17.7	1.2	29.5	49.1	20.2	1.7	29.0	51.8	17.5	1.1	28.3	53.7	16.9
70～74	2.2	30.3	46.3	21.2	1.8	26.7	47.6	23.9	2.2	27.0	49.6	21.2	1.9	25.8	51.3	21.0
75～79	3.3	28.0	44.0	24.7	4.8	23.7	44.3	27.2	3.3	24.8	46.5	25.4	4.1	22.3	47.5	26.1
80～84	5.4	25.9	41.1	27.6	9.9	20.5	40.4	29.2	5.7	22.1	42.6	29.6	9.5	17.8	42.5	30.2
85～89	9.5	23.1	37.9	29.5	18.0	17.2	35.4	29.4	10.5	18.7	38.0	32.8	19.3	12.8	36.6	31.3
90～94	15.7	21.4	32.7	30.2	28.0	13.9	30.0	28.1	18.3	15.0	32.6	34.1	32.3	8.7	30.6	28.4
95～99	23.8	18.5	27.9	29.9	39.4	10.6	24.2	25.8	28.5	11.7	26.9	32.9	46.6	6.1	24.9	22.4
100～	32.8	15.3	23.3	28.6	51.3	7.7	18.5	22.5	38.0	9.4	22.5	30.1	57.4	5.2	20.2	17.2

（資料）別府・高橋 (2018a) をもとに作成。健康度は厚生労働省「国民生活基礎調査」をもとに、「よい」と「まあよい」、「比較的わるい」は「あまりよくない」と「よくない」とした割合に基づく。

（注）比較的よいは「よい」と「まあよい」、比較的わるいは「あまりよくない」と「よくない」の合計。

対して平均通院期間割合が大きくなっている。これとは逆に，同期間に入院・通院ともになしの期間割合は低下する。

　以上から，男女とも，平均余命および平均通院期間はいずれの年齢においても延びているほか，施設に入っている期間は若干延長している一方，通院しない期間は男女とも逆に短縮の傾向が示された。

第4節　　主観的健康感と日常生活動作

　健康状態の平均期間についてより詳細に分析を行うため，まず主観的健康度別に観察を行う。なお，全体の傾向を概観するため，本章では5段階の健康度のうち「よい」と「まあよい」の計を「比較的よい」，「あまりよくない」と「よくない」の計を「比較的わるい」としたい。

　はじめに，作成された健康生命表から得られる定常人口（L_x）の主観的健康度別割合を**表3-3**に示す。健康度は「ふつう」が最も多いものの，「比較的よい」もそれに準じる大きさであり，「比較的わるい」はさほど多くない。これは，健康度が悪化してくると施設や病院へ入ったり，死亡してしまう効果が有るためと考えられる。2001年と2013年を比較すると，男女とも50～60歳代前半において「比較的よい」が減少し「ふつう」が増加している。また「比較的わるい」は男女とも80歳代前半で増加がある。60歳までの健康は健康度がよいという割合が低下する消極的な悪化，80歳代では健康度がわるいという割合が上昇する積極的な悪化といえるだろう。

　さて，健康度は日常生活動作への影響の有無によって異なると考えられる（厚生労働省 2014，橋本 2012）。そこで国民生活基礎調査から得られる日常生活動作への影響の有無を元に各平均期間を算出したものが**表3-4**である[7]。これをみると，病院や施設等へ入っていない場合，日常生活動作への影響がある期間は男女ともに10年未満に留まっているが，高年齢になるにつれて影響の有無による期間の相違は小さくなっている。また，日常生活動作への影響の有無別に主

表3-4　日常生活への影響の有無別平均余命および主観的健康度別割合：2001, 2013年

（年, %）

男女/年齢	入院・入所なし 日常生活への影響あり 平均期間(%)	よい	まあよい	ふつう	あまりよくない	よくない	日常生活への影響なし 平均期間(%)	よい	まあよい	ふつう	あまりよくない	よくない
				主観的健康度(%)						主観的健康度(%)		
(2001年)												
【男性】40	6.58	2.2	7.8	30.0	46.5	13.6	31.87	23.6	18.1	51.0	7.0	0.3
50	5.97	2.0	7.7	29.6	46.7	14.0	23.32	22.4	17.8	52.1	7.4	0.3
65	4.90	1.8	7.4	28.6	47.2	15.0	12.07	20.1	18.4	52.5	8.5	0.5
75	3.82	1.8	7.1	28.4	45.7	16.9	6.35	18.7	18.8	51.8	10.1	0.6
85	2.45	1.3	6.9	30.7	42.1	18.9	2.60	18.0	19.9	52.2	9.6	0.3
【女性】40	9.33	1.7	7.3	29.3	48.6	13.0	34.43	19.7	17.7	54.0	8.3	0.3
50	8.56	1.7	7.1	29.3	48.3	13.6	25.69	18.4	17.2	55.1	8.9	0.3
65	7.06	1.7	7.0	28.9	47.7	14.7	13.59	16.1	17.2	56.0	10.2	0.4
75	5.43	1.7	6.6	29.4	46.6	15.7	6.93	14.4	17.4	56.6	11.1	0.5
85	3.25	1.7	5.3	31.4	43.6	18.0	2.52	14.4	15.5	59.1	10.5	0.5
(2013年)												
【男性】40	7.16	1.3	6.2	29.9	47.9	14.6	33.06	18.6	18.6	55.2	7.2	0.4
50	6.54	1.3	6.1	29.7	48.2	14.7	24.38	16.8	18.3	56.9	7.6	0.4
65	5.27	1.3	6.1	28.7	48.6	15.4	12.90	15.7	18.5	56.4	8.8	0.5
75	4.23	1.1	6.0	27.6	49.0	16.2	6.63	14.0	18.3	56.5	10.5	0.7
85	2.77	0.9	6.1	28.9	48.0	16.1	2.47	13.2	16.3	58.5	11.1	0.9
【女性】40	9.58	1.2	5.7	31.1	49.5	12.5	35.38	16.0	18.7	57.0	8.0	0.3
50	8.71	1.1	5.8	31.2	49.1	12.8	26.68	14.6	17.9	58.8	8.4	0.4
65	7.12	1.1	5.8	30.6	48.9	13.6	14.50	13.1	17.8	59.1	9.4	0.5
75	5.73	1.1	5.8	31.2	48.0	13.9	7.29	10.5	17.4	60.6	11.4	0.7
85	3.51	1.0	5.8	34.7	44.1	14.4	2.38	8.5	16.9	61.9	11.8	0.9

（資料）別府・高橋（2018a）．平均余命は国立社会保障・人口問題研究所「死亡データベース」による．

観的健康度の割合をみると，影響ありの場合には「あまりよくない」が50％弱と高いほか，「よくない」も12～19％ほど存在する。年齢と健康度の関係では，「あまりよくない」は高年齢になると若干低下する程度であるが，あまり強い傾向としては見られない。「よい」～「まあよい」も弱い低下が見られる程度であり，「ふつう」の割合は特に女性で上昇する傾向が見られる。これに対し「よくない」は高年齢ほど割合が顕著に上昇している。総じて健康度が「ふつう」と「あまりよくない」の割合が大きくなっており，それよりも悪くなってくると施設や病院等へ移っていることが示唆される。

その一方，影響なしの場合の割合は，「よい」が9～24％，「まあよい」も16～20％と大きい。「ふつう」は男性51～59％，女性55～62％で高年齢になるほど大きく，また男性より女性が高い傾向がある。「あまりよくない」は男女とも7～12％程度と小さく，「よくない」も1.0％未満の水準に留まっている。このことから，多くの人々は健康を考える際，日常生活動作に影響が出ないことは「ふつう」であり，影響が出てくると「ふつう」の水準を下回ったと捉えていることが示唆される。

最後に入院・通院の有無と日常生活動作への影響の関係をみてみよう（**表3-5**）。施設へ入院・入所していない場合は，40歳時において日常生活動作に影響のある平均余命が男性7年前後，女性10年弱である。これは入院・入所なしの平均余命に対して男性は17～18％，女性は21％にあたる。また，高年齢になるほど日常生活動作への影響あり／なしの期間は当然短くなっていくが，高年齢ほど日常生活動作へ影響ありの割合は高まり，85歳では男性が50％前後，女性が60％弱となっている。日常生活動作への影響を通院の有無別にみると，当然ながら通院していない場合には日常生活動作へ影響なしの期間が長くなっており，影響ありの期間はいずれの年齢においても1～2年程度である。

また，日常生活動作と入院・通院について時系列で2001年と2013年を比較すると，平均余命が延びている中で通院しない期間は短縮化し，一方で通院中の期間は伸長している。日常生活動作への影響からみると，通院なしでは影響なしの期間がより短縮しており，通院ありでは影響なしの期間がより長期化し

表3-5　入院・通院の有無、日常生活動作への影響の有無別平均期間：2001, 2013 年
(年)

男女/年齢	平均余命	入院・入所中	入院・入所なし 総数	入院・入所なし 日常生活への影響あり	入院・入所なし 日常生活への影響なし	通院なし	通院なし 日常生活への影響あり	通院なし 日常生活への影響なし	通院中	通院中 日常生活への影響あり	通院中 日常生活への影響なし
（2001年）											
【男性】 40	39.4	0.9	38.4	6.6	31.9	20.8	1.2	19.7	17.6	5.4	12.2
50	30.2	0.9	29.3	6.0	23.3	13.6	0.9	12.7	15.7	5.0	10.6
65	17.7	0.7	17.0	4.9	12.1	5.8	0.7	5.1	11.2	4.2	7.0
75	10.9	0.7	10.2	3.8	6.3	3.1	0.6	2.5	7.1	3.2	3.9
85	5.8	0.7	5.0	2.5	2.6	1.8	0.6	1.2	3.3	1.9	1.4
【女性】 40	45.7	2.0	43.8	9.3	34.4	21.3	1.8	19.5	22.4	7.5	14.9
50	36.2	2.0	34.3	8.6	25.7	14.2	1.6	12.7	20.0	7.0	13.0
65	22.6	2.0	20.6	7.1	13.6	6.6	1.3	5.3	14.1	5.8	8.3
75	14.3	2.0	12.4	5.4	6.9	3.8	1.1	2.7	8.6	4.3	4.3
85	7.6	1.9	5.8	3.2	2.5	2.2	1.0	1.2	3.6	2.3	1.3
（2013年）											
【男性】 40	41.3	1.1	40.2	7.2	33.1	19.1	0.9	18.2	21.1	6.2	14.9
50	31.9	1.0	30.9	6.5	24.4	12.1	0.7	11.4	18.8	5.8	13.0
65	19.1	0.9	18.2	5.3	12.9	4.9	0.5	4.4	13.3	4.8	8.5
75	11.7	0.9	10.9	4.2	6.6	2.3	0.4	2.0	8.5	3.9	4.6
85	6.1	0.9	5.2	2.8	2.5	1.0	0.3	0.7	4.2	2.5	1.7
【女性】 40	47.3	2.4	45.0	9.6	35.4	19.8	1.2	18.6	25.2	8.4	16.8
50	37.7	2.3	35.4	8.7	26.7	12.9	1.0	11.9	22.5	7.7	14.8
65	24.0	2.3	21.6	7.1	14.5	5.5	0.7	4.9	16.1	6.4	9.6
75	15.4	2.4	13.0	5.7	7.3	2.7	0.5	2.1	10.4	5.2	5.2
85	8.2	2.3	5.9	3.5	2.4	1.0	0.4	0.7	4.9	3.2	1.7

（資料）厚生労働省「国民生活基礎調査」により筆者作成。平均余命は国立社会保障・人口問題研究所「死亡データベース」による。
（注）入院・入所者は、病院、診療所又は介護保険施設等に入所している者。通院者は、世帯員（施設等にいる者を除く）のうち、病気やけがで病院や診療所等に通っている者。

ていた。したがって，この期間に高齢者はより長く通院するようになっている
が，必ずしも日常生活動作に影響があるから通院しているわけではないといえ
る。

おわりに

　現在の日本では死亡率が世界的に見ても極めて低い水準にあり，高齢期まで
生存することが当然のことのようになった。その結果，健康状態を保ったまま
で長生きできるかどうかが大きな関心事となっている。

　そうした中で，健康政策は1970年代に開始され，現在は第4次に当たる「健
康日本21（第2次）」が進められている。この政策では健康寿命が評価指標と
して掲げられており，健康寿命という言葉が国民一般にも知られるようになっ
た。しかし，この健康寿命を算出する際の「健康」の定義はいくつも提案され
ており，一つに限定されない。したがって，地域間や異なる時期の指標を比較
する際は，どの定義によって算出された指標であるのかに注意が必要である。

　本稿では，高齢化・長寿化の進展に伴う高齢者の健康状況を概観するために，
日本の高齢者を対象に日常生活動作への影響の有無と主観的健康度の両者の関
係について，健康生命表を作成して平均期間を算出し，以下の点を示した。

　第1に，病院や社会施設への入院・入所中の期間の平均余命に占める割合を
2001年と2013年について推定した結果，両年次とも高年齢になるほど高くな
ることが示された。施設等に滞在する期間は1〜2年ほどだが，男性に比べ女性
は2倍ほどの長さであった。

　第2に，通院なし・通院中ともに，健康度が「よい」と「まあよい」の割合
はいずれも全年齢で低下傾向にある一方で，「ふつう」から「よくない」までは
ほぼ全ての年齢で平均期間が延びていた。さらに「まあよい」も75歳以下では
平均期間が延びていた。したがって，この期間では施設等以外に居住している
人の健康度は必ずしも改善していなかったといえる。

　第 3 に，時系列では平均余命が延びている中で，通院しない期間は短縮し，一方で通院中の期間は伸長していた。また，通院ありでは日常生活動作への影響なしの期間がより長期化していることから，この期間に高齢者はより長く通院するようになっているが，必ずしも日常生活動作に影響があるから通院しているわけではないといえる。

　このように，健康と死亡，あるいは健康の定義間の関係は複雑である。今後は，このような研究をさらに進め，人々が単に長寿となるだけでなく，より健康な状態で生涯を過ごすために必要な課題を一つひとつ解消していくことが求められよう。

　　〈付記〉本研究は国立社会保障・人口問題研究所（社人研）一般会計プロジェクト「長寿化・高齢化の総合的分析及びそれらが社会保障等の経済社会構造に及ぼす人口学的影響に関する研究」および科研費「長寿化・高齢化の進展と健康構造の変化に関する人口学的研究（代表 別府志海）若手研究（B）（H26-H28）」（課題番号：26780298）の助成を受けた成果の一部である。

注

(1) この「健康転換」という語は，1973 年にアメリカ公衆衛生学会における発表 Monroe Lerner, "Modernization and Health: A Model of the Health Transition" が初出とされる（Riley 2001）。

(2) 日本語における「健康」という語は幕末から明治期に西洋の学問を取り入れていく中で作られた言葉であり，それ以前は「丈夫」「健やか」などが使われていたようである（北澤 2000）。

(3) 現在，WHO および GBD は HALE を Healthy life expectancy と説明しているが，本章では HLE と区別のため，当初の用語である Health Adjusted Life Expectancy を HALE として扱うこととする。

(4) 本稿で示す厚生労働省『国民生活基礎調査』は，社人研一般会計プロジェクト「長寿化・高齢化の総合的分析及びそれらが社会保障等の経済社会構造に及ぼす

人口学的影響に関する研究」「長寿革命に係る人口学的観点からの総合的研究」および科研費「長寿化・高齢化の進展と健康構造の変化に関する人口学的研究（代表 別府志海）若手研究（B）（H26-H28）の一環として，統計法第 32 条の規定に基づく個票データの二次利用により再集計を行っている（提供通知文書番号：平成 26 年 12 月 9 日付統発 1209 第 2 号，平成 27 年 11 月 13 日付統発 1113 第 13 号，平成 29 年 2 月 23 日付政統発 0223 第 2 号および平成 30 年 2 月 14 日付政統発 0214 第 2 号）。ここでは，被調査世帯から施設等へ入院・入所している人を集計から除外するとともに，別途『国勢調査』から施設等の人口を推定することによって人口全体の推定を行っている。

(5) ここで示した割合は，個票データの再集計を行った上で男女・年齢各歳データの偶然変動を平滑化したモデルデータのものである。男女・年齢別の数値モデルは，多項式回帰ならびに年齢各歳データの curve fitting によって近似化している（別府・高橋 2018a，2018b）。

(6) 国勢調査では老人ホーム，児童保護施設などの入所者の集まりとされている。

(7) 集計データの安定性等の観点から，日常生活動作への影響を分析する際は上限年齢を 85 歳としている。

参考文献

臼田寛・玉城英彦・河野公一（2004）「WHO の健康定義制定過程と健康概念の変遷について」『日本公衆衛生雑誌』Vol.51(10).

北澤一利（2000）『「健康」の日本史』平凡社新書.

小泉明（1985）「人口と寿命は何によって定まるか」小泉明編『人口と寿命』東京大学出版会，pp.1-33.

厚生省公衆衛生審議会（1987）「喫煙と健康：喫煙と健康問題に関する報告書」.

厚生労働省（2012a）「第 34 回厚生科学審議会地域保健健康増進栄養部会」配付資料.

厚生労働省（2012b）「厚生労働省告示第四百三十号」.

厚生労働省（2014）「厚生科学審議会地域保健健康増進栄養部会　第 2 回健康日本 21（第 2 次）推進専門委員会」配付資料.

厚生労働省（2016）「平成 28 年版厚生労働白書」.

国民生活審議会調査部会編（1974）『社会指標——よりよい暮らしへの物さし——』.

齋藤安彦（1999）「健康状態別余命」（NUPRI 研究報告シリーズ No.8）日本大学人口研究所.

齋藤安彦（2001）「健康状態別余命の年次推移：1992 年・1995 年・1998 年」『人口問題研究』Vol.57(4), pp.31-50.

齋藤安彦（2013）「健康状態別余命の概念および最近の研究の動向」『老年歯学』Vol. 57(4), pp.345-355.

林玲子（2015）「寝たきり率の吟味と健康寿命の推移日本における 1970 年代からの動向」国立社会保障・人口問題研究所編『長寿化・高齢化の総合的分析及びそれらが社会保障等の経済社会構造に及ぼす人口学的影響に関する研究（第 1 報告)』（所内研究報告第 57 号), pp.43-59.

橋本修二編（2012）「健康寿命における将来予測と生活習慣病対策の費用対効果に関する研究」（厚生労働科学研究報告書）（研究代表者　橋本修二).

別府志海（2012）「死亡力転換と長寿化のゆくえ」阿藤誠・佐藤龍三郎編『世界の人口開発問題〈人口学ライブラリー12〉』原書房，pp.175-205.

別府志海・高橋重郷（2015）「疾病構造と平均健康期間・平均受療期間の人口学的分析——疾病構造別にみたライフスパン——」『人口問題研究』Vol.71(1), pp.28-47.

別府志海・高橋重郷(2017)「日本の傷病別平均受療期間の推定：1999〜2014 年」国立社会保障・人口問題研究所編『長寿化・高齢化の総合的分析及びそれらが社会保障等の経済社会構造に及ぼす人口学的影響に関する研究（第 3 報告)』（所内研究報告第 70 号), pp.79-101.

別府志海・髙橋重郷（2018a)「主観的健康観と日常生活動作の関係からみた健康期間の分析：2001，2013 年」国立社会保障・人口問題研究所編『長寿革命に係る人口学的観点からの総合的研究（第 1 報告)』（所内研究報告第 77 号), pp.55-73.

別府志海・髙橋重郷（2018b)「傷病と主観的健康観の関係からみた健康期間の分析：2001，2013 年」『人口問題研究』Vol.74(2), pp.143-163.

山口扶弥・梯正之（2001）「高齢者の平均自立期間および要介護期間に関連する諸要因の分析」『人口問題研究』Vol.57(4), pp.51-67.

Fries, James F.（1980）"Aging, Natural Death, and the Compression of Morbidity," *New England Journal of Medicine*, Vol.303, pp.130-135.

GBD Diarrhoeal Diseases Collaborators（2017）"Estimates of Global, Regional, and National Morbidity, Mortality, and Aetiologies of Diarrhoeal Diseases: A Systematic

Analysis for the Global Burden of Disease Study 2015," *Lancet*, Vol.17(9), pp.909-948.

Gruenberg, Ernest M. (1977) "The Failures of Success", *The Milbank Memorial Fund Quarterly*, Vol.55(1), pp.3-24.

Huber, Machteld, André Knottnerus *et al.* (2011) "How should we define health?," *British Medical Journal*, Vol.343, pp.235-237.

Kramer, M. (1980) "The Rising Pandemic of Mental Disorders and Associated Chronic Diseases and Disabilities," *Acta Psychiatrica Scandinavica*, Vol.62(S285), pp.382-397.

Lopez, Alan D., Colin D. Mathers, Majid Ezzati, Dean T. Jamison, and Christopher J. L. Murray (eds.) (2006) *Global Burden of Disease and Risk Factors*, Oxford University Press and World Bank.

Mathers, Colin D., C. J. L. Murray, A. D. Lopez, J. A. Salmon, and R. Sadana (2003) "Global Patterns of Health Expectancy in the Year 2000," J. M. Robine *et al.* (eds.), *Determining Health Expectancies*, West Sussex: John Wiley & Sons.

Nomura, Shuhei *et al.* (2017) "Population Health and Regional Variations of Disease Burden in Japan, 1990-2015: A Systematic Subnational Analysis for the Global Burden of Disease Study 2015," *The Lancet*, Vol.390(10101).

Nusselder, Wilma (2003) "Compression of morbidity," J. M. Robine *et al.* (eds.), *Determining Health Expectancies*, West Sussex: John Wiley & Sons.

Omran, Abdel R. (1971) "The Epidemiologic Transition: A Theory of the Epidemiology of Population Change," *The Milbank Memorial Fund Quarterly*, Vol.49(4), pp.731-757.

Riley, James C. (2001) *Rising Life Expectancy: A Global History*, New York: Cambridge University Press. (門司和彦・金田英子・松山章子・駒澤大佐訳 (2008)『健康転換と寿命延長の世界誌』明和出版)

Robine, Jean-Marie, C. Jagger, C. M. Mathers, E. M. Crimmins and R. M. Suzman (eds.) (2003) *Determining Health Expectancies*, West Sussex: John Wiley & Sons.

Sullivan, D. F. (1971) "A Single Index of Mortality and Morbidity," *HSMHA Health Reports*, Vol.86(4), pp.347-354.

United Nations (2019) *World Population Prospects: The 2019 Revision*.

WHO (1948) *Constitution of the World Health Organization*.

WHO (2000) *The World Health Report 2000 – Health Systems: Improving Performance*.

WHO (2001) *The World Health Report 2001 – Mental Health: New Understanding, New*

Hope.

WHO（2008）*The Global Burden of Disease: 2004 Update*.

WHO（2013）*WHO Methods and Data Sources for Global Burden of Disease Estimates 2000-2011*.

WHO（2017）*WHO methods and data Sources for Global Burden of Disease Estimates 2000-2015*.

WHO (2018) *Global Health Estimates 2016: Life expectancy, 2000-2016*, http://www.who. int/gho/mortality_burden_disease/life_tables/en/.

World Bank（1993）*World Development Report 1993: Investing in Health*, Oxford University Press.

（別府志海）

第4章　世界の健康寿命

はじめに

　20世紀を通じ，疫学的転換（Omran 1971）の結果として乳幼児・子供の間で多く見られた感染症による死亡率が低下し，世界各地で平均寿命の改善が見られた。一方，高齢者を中心に慢性疾患が蔓延したことを背景に，人生の長さを示す平均寿命に代わり，あと何年健康な状態で生きられるのかを表す健康寿命の考え方に注目が集まっている。[(1)]日本をはじめとする世界各国で，健康寿命の延伸が健康増進に向けた指針の一つとして採用されていることからも，健康寿命に対する関心の高さがうかがえよう。

　本章の目的は，世界における健康寿命の研究動向を紹介することである。まず，第1節で健康寿命の基本的な考え方を概説し，第2節では195カ国を対象にした国際的な研究から，世界における健康寿命の現状をまとめる。また，健康寿命に関する研究が進んでいるヨーロッパとアメリカ，そして，アジアにおける研究動向についても述べる。第3節では，健康寿命の格差に関連した社会・経済要因の特定に関する最近の研究動向を概観する。

第1節　世界における研究動向

（1）背景

　国民の健康状態を包括的に示す指標として，健康寿命が広く使われるようになっている。健康寿命に対する最近の関心の高まりの背景には，いくつかの要

因を指摘できる。第一に，慢性疾患の拡大である。先進国を中心に，悪性新生物や心疾患等に代表される慢性疾患が主要な死亡要因として感染症に取って代わりつつある。平均寿命の改善と並行して慢性疾患が拡大したことを背景に，人生の長さだけではなく，人生の質に注目した健康寿命の考え方が重要さを増している。

　第二に，健康寿命の算出手法方法に関する研究が進んだことが挙げられる。健康寿命の計算に際しては，一時点における特定の健康状態の分布率に基づくサリバン法（Sullivan 1971）が広く用いられており，その他にも，健康状態別の生命表を作成する多相生命表やマイクロシュミレーション等の手法が考案されている（齋藤 1999）。また，計算方法の前進に加え，国を超えた大規模調査が実施されるようになり，健康に関する指標が広く入手可能になったことも重要である。たとえばヨーロッパでは，ヨーロッパ連合（EU）加盟国を対象にした Statistics on Income and Living Conditions（EU-SILC）の中に日常生活に制限のある期間に関する質問が含まれており，国民の健康状態に関する国を超えた比較研究が盛んに行われている。

　加えて，人生を長さと質の両面から捉えた健康寿命の考え方は，各国の社会保障政策にも重要な関わりを持っている。たとえば，高齢者があと何年自立して健康な状態で生きられるかを明らかにすることは，先進国を中心に議論が進む定年年齢の見直しや，将来の医療・介護費支出等に関する政策にも大きな影響を与えよう（Jagger *et al.* 2008）。

(2) 健康の定義と健康寿命の種類

　世界保健機関（WHO）は，健康を「Health is a state of complete physical, mental and social well-being and not merely the absence of disease or infirmity（健康とは，完全な肉体的，精神的及び社会的福祉の状態であり，単に疾病又は病弱の存在しないことではない）」と定義している。健康寿命の推計においても，何の指標を使ってどのように健康を定義するのかは重要な問題である。ここでは，主要な海外の研究を参照しながら，健康寿命の算出に用いられる指標，お

および健康寿命の種類について概説する。

　まず，健康状態の自己評価である主観的健康感に基づいて計算された健康寿命は，一般に Healthy Life Expectancy（HLE）と呼ばれる。主観的健康感は，言葉や文化，調査時の健康状態等の影響を受けるものの，その後の死亡，および疾患の発症に密接に関連している（Idler *et al.* 2004）。HLE の算出に際しては，主観的健康感の回答項目から上位の「とても良い」，「良い」を合わせ，HLE を「良い主観的健康状態で生きられる人生の長さ」と定義することが多い。なお，「ふつう」の健康状態を「良い」に分類するか，もしくは「悪い」に含めるかに関しては意見が分かれるところであり，研究によって「良い」健康の定義が異なる点に注意する必要がある。World Values Survey（WVS）等，大規模な社会調査に主観的健康感に関する質問が含まれることが多いため，HLE の国を超えた比較研究も進んでいる（Zimmer *et al.* 2016 ほか）。

　HLE と並んでよく使われるのが，日常生活に障害のない期間を表す Disability-Free Life Expectancy（DFLE）である。これは，食事，移動，入浴，排泄等の日常生活動作能力（Activities of Daily Living：ADL）における制限の有無によって定義される。イギリスの研究では，掃除や買い物，金銭管理等を含めた手段的日常生活動作能力（Instrumental Activities of Daily Living：IADL）における困難さを加え，中程度の障害（ADL に困難はないが IADL に少なくとも一つの障害がある状態），および重度の障害（ADL に少なくとも一つの困難がある状態）という 2 種類の指標を作成し，困難の度合いに注目した DFLE が算出されている（Jagger *et al.* 2007）。また，6ヶ月以上に亘る長期的な制限の有無を問う GALI（global activity limitation index）も，ヨーロッパを中心に広く用いられている（Van Oyen *et al.* 2006）。日本政府が進める健康増進の取り組みである「国民の健康の増進の総合的な推進を図るための基本的な指針」健康日本 21（第 2 次）の中でも DFLE による健康寿命（日常生活に制限のない期間）が採用されており，平均寿命の増加を上回る健康寿命の延伸，および都道府県ごとの格差の縮小が 2013～2022 年の目標として設定されている。

　また，HLE と DFLE の他にも，特定の疾患の罹患率に注目して健康で生きら

れる長さを推計する方法もある。慢性疾患の無い期間（Cambois *et al.* 2011），高血圧の無い期間（Loukine *et al.* 2011），認知障害の無い期間（Jagger *et al.* 2016），糖尿病（タイプⅠ）の無い期間（Muschik *et al.* 2017）等がその例として挙げられる。心疾患に注目したアメリカの研究では，50 歳時点における平均余命の中で，女性は心疾患を抱えて平均で 7.9 年生きるのに対し，男性は 6.7 年となり，男性よりも女性の方が心疾患とともに生きる期間が長いことが分かっている（Crimmins *et al.* 2008）。これは，女性の平均余命の方が男性よりも長く，そして男性の方が心臓発作を起こす確率が高いことに関係している。

第 2 節　地域別の健康寿命の研究動向

(1) 世界規模の取り組み：Global Burden of Disease (GBD) Study

　健康寿命に関する大規模な国際比較の取り組みとして，「世界の疾病負担研究（Global Burden of Disease, Injuries, and Risk Factors Study：GBD）」を挙げることができる。これは，世界各国に共通した健康寿命を推計するという WHO を含めた世界中の研究者による共同プロジェクトである。GBD における健康寿命の基本になっているのが，障害調整生存年数（Disability-Adjusted Life Years：DALYs）である。これは，死亡や様々な疾病によって身体に生じる負担を 0 から 1 で数量化し，健康上の問題で失われた人生の長さを推計する方法である。GBD2016 では，333 の疾病と怪我を特定し，世界 195 カ国における 1990〜2016 年の健康寿命（Healthy Life Expectancy：HALE）の変化を計算している（GBD 2016 DALYs and HALE Collaborators 2017）。まず，1990 年から 2016 年の変化に注目すると，世界全体の平均寿命は男性で 7.09 年（69.79 − 62.70 年），女性で 7.76 年（75.33 − 67.57 年）延伸した一方，HALE の伸びは男性で 6.04 年（61.42 − 55.38 年），女性で 6.49 年（64.91 − 58.42 年）にとどまった（**表4-1** 参照）。このことから，平均寿命の拡大のペースに健康寿命のそれが追い付いていないことが分かる。さらに，HALE を平均寿命で割って健康な状態で生きられる人生

表 4-1　出生時の平均寿命 (LE)、健康寿命 (HALE)、健康で生きられる割合 (%) の推移：1990～2016 年

| | 1990年 | | | | | | 2016年 | | | | | | 1990～2013年の差 | | | | | |
| | 男性 | | | 女性 | | | 男性 | | | 女性 | | | 男性 | | | 女性 | | |
地域別	LE	HALE	%	LE	HALE	%	LE	HALE	%	LE	HALE	%	LE	HALE	%	LE	HALE	%
世界全体	62.7	55.4	88.3	67.6	58.4	86.5	69.8	61.4	88.0	75.3	64.9	86.2	7.1	6.0	▲0.3	7.8	6.5	▲0.3
アジア・太平洋 (高所得) 1)	74.1	65.8	88.8	80.7	70.3	87.1	80.1	70.5	88.0	86.4	74.7	86.4	6.0	4.7	▲0.8	5.7	4.4	0.7
北米 (高所得) 2)	72.2	63.3	87.7	79.0	67.7	85.6	76.8	66.7	86.9	81.5	69.3	85.1	4.6	3.5	▲0.8	2.5	1.7	▲0.5
西ヨーロッパ	72.9	64.5	88.5	79.5	68.5	86.2	79.2	69.7	88.0	84.1	72.3	85.9	6.3	5.2	▲0.5	4.6	3.8	▲0.3
南米 3)	69.0	61.2	88.7	76.1	66.2	86.9	74.4	65.7	88.4	80.9	70.1	86.7	5.4	4.5	▲0.3	4.8	3.9	▲0.3
中央・東ヨーロッパ・中央アジア	64.6	56.8	87.9	73.6	63.7	86.5	68.2	60.0	88.0	77.2	66.8	86.5	3.6	3.2	0.1	3.6	3.2	0.0
ラテンアメリカ・カリブ海諸国	66.4	58.0	87.4	72.7	63.2	86.9	72.8	64.2	88.3	78.9	68.5	86.8	6.3	5.4	▲0.3	6.2	5.3	▲0.1
東南アジア・東アジア・オセアニア	64.5	58.0	89.9	68.7	60.6	88.0	72.1	64.6	89.5	78.4	68.6	87.5	7.6	6.6	▲0.4	9.6	8.0	▲0.6
南アジア	58.5	51.0	87.2	59.8	50.9	85.1	67.1	58.4	87.1	70.6	60.0	85.0	8.7	7.5	▲0.1	10.8	9.1	▲0.1
北アフリカ・中東	65.0	56.1	86.4	68.9	57.9	84.0	70.9	61.4	86.6	75.6	63.7	84.2	5.9	5.3	0.2	6.7	5.7	0.2
サブサハラ・アフリカ	52.0	45.4	87.1	55.4	47.9	86.4	61.2	53.6	87.6	64.6	56.1	86.8	9.1	8.2	0.4	9.2	8.2	0.4

（資料）　GBD 2016 DALYs and HALE Collaborators (2017), pp.1284-1296 より筆者作成.
（注）　1) ブルネイ、日本、シンガポール、韓国。2) カナダ、グリーンランド、アメリカ。3) アルゼンチン、チリ、ウルグアイ.

表 4-2　65 歳時点の平均余命 (LE)、健康余命 (HALE)、健康で生きられる割合 (%) の推移：1990～2016 年

| | 1990年 | | | | | | 2016年 | | | | | | 1990～2013年の差 | | | | | |
| | 男性 | | | 女性 | | | 男性 | | | 女性 | | | 男性 | | | 女性 | | |
地域別	LE	HALE	%	LE	HALE	%	LE	HALE	%	LE	HALE	%	LE	HALE	%	LE	HALE	%
世界全体	13.3	10.1	75.7	15.9	11.9	75.0	15.5	11.9	75.5	18.6	13.9	74.7	2.4	1.8	▲0.2	2.7	2.0	▲0.2
アジア・太平洋 (高所得)	15.7	11.9	76.1	19.5	15.0	77.2	19.2	14.5	75.6	23.8	18.3	76.9	3.6	2.6	▲0.5	4.3	3.3	▲0.3
北米 (高所得)	15.2	11.5	75.5	19.1	14.5	75.9	18.2	13.5	74.1	20.7	15.5	74.5	3.0	2.0	▲1.4	1.7	1.0	▲1.4
西ヨーロッパ	14.7	11.3	76.5	18.5	14.0	75.6	18.5	14.2	76.9	21.8	16.5	76.0	3.8	3.0	0.3	3.3	2.6	0.4
南米	14.0	10.8	77.3	17.5	13.8	77.7	16.1	12.5	77.4	20.2	15.7	77.7	2.1	1.7	0.1	2.5	1.9	0.1
中央・東ヨーロッパ・中央アジア	12.4	9.1	73.0	15.8	11.6	73.3	14.1	10.3	73.4	17.8	13.2	73.9	1.6	1.3	0.4	2.0	1.6	0.6
ラテンアメリカ・カリブ海諸国	14.7	11.2	76.1	17.1	13.0	75.7	16.8	12.8	76.2	19.5	14.7	75.6	2.1	1.6	0.1	2.4	1.8	▲0.1
東南アジア・東アジア・オセアニア	12.4	9.8	78.5	14.5	11.2	76.8	15.1	11.7	77.5	18.5	14.0	75.7	2.7	1.9	▲1.0	4.0	2.8	▲1.1
南アジア	12.1	8.8	72.5	12.7	9.0	70.7	13.8	10.0	72.7	15.2	10.8	71.3	1.7	1.2	0.2	2.5	1.8	0.3
北アフリカ・中東	14.4	10.5	72.1	16.1	11.4	70.7	15.7	11.7	71.3	17.7	12.6	71.3	1.3	1.1	0.7	1.6	1.3	0.6
サブサハラ・アフリカ	12.6	9.3	73.8	12.7	9.5	74.3	13.7	10.2	74.5	14.4	10.8	75.2	1.1	0.9	0.8	1.7	1.4	0.9

（資料）　GBD 2016 DALYs and HALE Collaborators (2017), pp.1297-1309 より筆者作成.

の割合を算出したところ，1990〜2016 年の間に男性で 0.32 パーセンテージポイント（88.33−88.01％），女性では 0.29 パーセンテージポイントの低下となった（86.17−86.46％）。

　また，健康寿命の地域格差も明らかになった。出生時の HALE の結果を地域別に見ると，2016 年は高所得のアジア・太平洋地域（ブルネイ，日本，シンガポール，韓国）における値が男女ともに世界最高となり（男性 70.47 年，女性 74.70 年），それに西ヨーロッパが続いた（男性 69.69 年，女性 72.27 年）。一方，サブサハラ・アフリカ地域における HALE の値は男性で 53.57 年，女性で 56.05 年となり最も低かった。特に，アンゴラ，中央アフリカ共和国，コンゴ共和国，コンゴ民主共和国，赤道ギニアを含む中央サブサハラ・アフリカ地域における値が低いことが分かる（男性 52.58 年，女性 54.20 年）。また，過去 20 年で健康な状態で生きられる人生の割合が減少した地域が多くあった（男女ともに 7 地域）。2016 年の国別の結果を見ると，男女ともにシンガポールが世界最高であった一方（男性 72.01 年，女性 75.16 年），最下位は男性がレソト（41.46 年），女性が中央アフリカ共和国となった（45.60 年）。この結果から，国別の HALE には約 30 年におよぶ開きがあることが分かる。

　さらに，世界中で進む高齢化を背景に，GBD2016 では 65 歳時点での平均余命，HALE が発表されている（**表4-2** 参照）。2016 年の 65 歳時点の世界全体の HALE は男性で 11.87 年，女性で 13.88 年となり，男女ともに 1990 年から約 2 年の延伸が認められた。他方，健康な人生の割合は男女ともに減少した。地域別では，出生時の HALE と同様，65 歳時点でも男女ともに高所得のアジア・太平洋諸国の HALE が最高となり（男性 14.51 年，女性 18.30 年），他方，サブサハラ・アフリカ，特に中央サブサハラ・アフリカ地域が最低となった（男女ともに 9.46 年）。国別の結果を見ると，女性では日本人女性の 65 歳時点の HALE が 18.67 年で世界最高，男性ではシンガポールの 15.13 年となった。以上の結果から，出生時および 65 歳時点において，①健康寿命の延びが平均寿命のそれに追いついていないこと，②健康な状態で生きられる人生の割合は世界各地で低下傾向にあること，そして，③健康寿命には地域，国によって大きな隔たりが

あること，の 3 点が明らかになる。

(2) ヨーロッパ

EU は，国民の健康状態を表す指標として健康寿命を早くから採用し，公式統計の一つして定期的に発表している。EU で用いられている健康寿命は，Healthy Life Years（HLYs）である。これは，EU–SILC の中から GALI の結果を使い，日常生活において 6ヶ月以上の制限がある期間をサリバン法に基づいて算出したものである。高齢者の健康増進を目指して欧州委員会（EC）が発案した European Innovation Partnership on Active and Healthy Ageing の中では，2020 年までに EU 加盟国平均で出生時の HLYs を 2 年延ばすことが目標として掲げられている（Jagger *et al.* 2013）。

Jagger *et al.*（2008）による研究では，2005 年における 50 歳時点の HLYs が EU 加盟 25 カ国を対象に計算されている。25 カ国の HLYs の平均値は，男性で 17.26 年，女性で 18.06 年となった。国による HLYs の差は男性で 14.59 年（デンマーク 23.64 年－エストニア 9.05 年），女性で 13.70 年（デンマーク 24.12 年－エストニア 10.42 年）に上った。この結果から，EU 域内，特に東ヨーロッパと西ヨーロッパとの間で健康寿命に大きな差があることが分かる。実際，旧来の EU 加盟国である 15 カ国の HLYs の平均は男性で 17.78 年，女性で 18.32 年であったのに対し，東ヨーロッパの新規加盟国 10 カ国では，男性の平均が 14.51 年，女性では 16.72 年にとどまった。同様の格差は平均寿命でも確認され，EU 加盟国間における国民の健康状態の差が浮き彫りとなった。

Jagger *et al.*（2008）の結果を踏まえ，Fouweather *et al.*（2015）は 2010 年の値を使って 50 歳時点の HLYs を推計している。それによると，2010 年の EU 加盟 25 カ国における HLYs の平均値は男性で 17.9 年，女性で 18.6 年となり，2005 年と比較して男性で 0.5 年，女性で 0.4 年改善した。一方，2005～2010 年の間で平均寿命は男性で 1.2 年（29.8－28.6 年），女性で 1.1 年（34.6－33.5 年）拡大しており，健康寿命の延びが平均寿命のそれを大きく下回っていることが分かる。また，2005 年と同様，EU 域内の健康格差も引き続き確認された。2010 年

の 50 歳時点の HLYs は，旧来の EU 加盟国 15 カ国の平均が男性で 18.6 年，女性で 19.1 年であったのに対し，新規加盟 10 カ国では男性 14.2 年，女性 15.9 年であった。さらに，2005〜2010 年の変化を見ると，15 カ国では男女ともに HLYs が等しく拡大した一方（男女ともに 0.6 年の増加），新規加盟 10 カ国では男性で 0.4 年，女性で 1.0 年それぞれ低下した。この結果から，EU 域内の健康格差は拡大傾向にあることが指摘できよう。

　EU 加盟国を対象とした研究から，主に西ヨーロッパと中央・東ヨーロッパにおける健康寿命の差が明らかになっているが，東ヨーロッパ諸国の中でも健康寿命に差があることが明らかになっている。Minagawa（2013）の研究では，2008 年の European Values Study（EVS）から主観的健康感に関する情報を使い，20〜74 歳の間で「良い」健康状態で生きられる人生の長さ（HLE）が，中央・東ヨーロッパ（アルバニア，ボスニア・ヘルツェゴビナ，ブルガリア，チェコ共和国，ハンガリー，マケドニア，モンテネグロ，ポーランド，ルーマニア，セルビア，スロバキア，スロベニア），および旧ソ連（アルメニア，アゼルバイジャン，ベラルーシ，エストニア，グルジア，ラトビア，リトアニア，モルドバ，ロシア，ウクライナ）の計 23 カ国を対象に推計されている。その結果によると，中央・東ヨーロッパ 13 カ国の HLE（20〜74 歳）の平均値は男性で 30.6 年，女性で 28.9 年であったのに対し，旧ソ連 10 カ国では，男性で 21.1 年，女性で 19.9 年となり，その差は男性で 9.5 年，女性で 9.0 年に達した。これまでに，西ヨーロッパ，中央・東ヨーロッパ，そして旧ソ連の 3 ブロックで平均寿命が異なることが報告されているが（Luy *et al.* 2011），健康寿命においても同様の地域格差が認められることが分かる。旧ソ連圏を対象とした研究の多くが，「共産主義崩壊後の人口危機（Stuckler *et al.* 2009）」に代表される死亡率の上昇に焦点を当ててきたが，今後は，死亡率だけでなく健康状態を加味したより包括的な研究が必要になろう。

　ヨーロッパでは，HLYs に代表される健康寿命が国民の健康状態を表す指標として広く用いられてきた。しかし，EU 加盟国間における健康格差は拡大しつつあり，実際，2020 年までに HLYs を 2 年伸ばすという目標達成は危ういと

みられる（Jagger *et al.* 2013）。ヨーロッパ諸国は現在，国・地域による健康格差を解消するという難題に直面している。

(3)　アメリカ

　健康寿命に関する研究は，アメリカでは長い歴史を持っている。Sanders（1964）が死亡率と特定の健康状態の罹患率を統合した健康寿命の考え方を提唱し，その後，Sullivan（1971）が実際のデータを使って健康寿命を算出した。こうして，その後の研究の土台となるサリバン法が確立されて以来，アメリカでは健康寿命に関する研究が盛んに行われてきた。初期の研究では，就床や入院を含む包括的な活動障害（global activity limitation）によって健康が定義されることが多かったが，病理によって引き起こされる変化を捉えた能力障害過程（disablement process）が提唱されるに至り（Verbrugge and Jette 1994），現在では日常生活に必要な行動能力における困難さを表す ADL や IADL が研究の中心となっている。

　アメリカで健康寿命に関する研究が広く行われてきた背景には，健康に関するデータが充実していることがある。たとえば，National Health Interview Survey（NHIS）は，アメリカ国勢調査局が 1957 年から実施する健康状態に関する社会調査であり，このデータを使って健康寿命の長期的な変化を検証する研究が数多く行われてきた。最新の NHIS データを使った研究によると，1970〜2010 年の間に，出生時時点の DFLE（日常生活に支障の無い期間）が男性で 4.5 年（61.0 − 56.5 年），女性で 2.7 年（65.4 − 62.7 年）拡大した（Crimmins *et al.* 2016）。一方，日常生活に支障のある期間（life with disability）も男性で 4.7 年，女性で 3.9 年増加し，65 歳時点を除き，過去 40 年で障害期間の縮小（compression of morbidity）は確認されなかった。

　アメリカでは，人種・民族，教育，収入，職業等の社会経済的要素（Socioeconomic Status：SES）によって平均寿命，慢性疾患の罹患率，そして精神的な健康状態が大きく異なることが明らかになっているが（Link and Phelan 1995），健康寿命においても SES による差が存在している。Hayward and Heron

（1999）は，1990 年の国勢調査のデータに基づき，慢性疾患等によって活動能力が制限されない期間（active life expectancy）を，非ヒスパニック系白人，非ヒスパニック系黒人，ヒスパニック系，アジア・太平洋諸島系，そしてアメリカ原住民の 5 グループ別に推計した。その結果，人種・民族間に健康で生きられる期間に大きな差があることが分かった。特に，非ヒスパニック系黒人，およびアメリカ原住民の健康寿命が短い一方，アジア・太平洋諸島系住民の健康寿命が長いことが分かった。また，人種・民族に加え，自身の教育レベル（Crimmins and Saito 2001）や，両親の職業，収入に代表される幼少期の経済状態によっても健康寿命に差があることが報告されている（Montez and Hayward 2014）。

　国民全体の健康状態を改善することに加え，人種・民族をはじめとする国内の健康格差を解消することは，アメリカ政府の公衆衛生政策の根幹を成している。アメリカ政府が設定する国民の健康増進に向けたプログラム，Healthy People 2020 では，健康に関連した人生の質を向上させるため，良い健康状態で生きられる期間（expected years of life in good or better health），動作能力に制限の無い期間（expected years of life free of limitation of activity），そして特定の疾患の無い期間（expected years of life free of selected chronic diseases），という 3 種類の健康寿命が主な健康指標として採用されている。Healthy People 2020 にあるとおり，今後は人生の長さだけでなく，健康に関連した人生の質に焦点を当てた政策の推進が重要になろう。

（4）アジア

　ここでは，中国における研究を中心に，アジア諸国における健康寿命に関する研究動向をまとめる。高齢化が急速に進展する中国でも，健康寿命に関する研究は盛んに進められている。中国政府が実施する China National Sample Survey on Handicap/ Disability の 1987 年と 2006 年の結果を使い，聴覚，視覚，発声等の機能に支障が無い人生の長さ（DFLE）の変化を検証した Liu *et al.*（2009）の研究によると，過去 19 年間で，60 歳以上人口において DFLE は男性で 0.9 年

（13.9－13.0 年），女性で 1.6 年（14.9－13.3 年）改善した。入浴，食事，排泄，および着替えにおける困難さに注目して DFLE を推計した Gu *et al.*（2009）による研究でも，1992〜2002 年の間に健康な状態で生きられる人生の長さが 65 歳以上人口で大きく延伸したことが明らかになっている。この他にも，Chinese Longitudinal Healthy Longevity Survey（CLHLS）のデータに基づいた DFLE の長期的な変化の分析や（Zimmer *et al.* 2015），白内障といった特定の疾患の罹患率に着目して健康寿命を推計する取り組みなど（Yong *et al.* 2011），中国を対象とした健康寿命の研究が盛んに行われている。

　こうした研究成果から，中国全体の健康寿命は改善傾向にあることが明らかになる一方，その国内では，地域による格差が指摘できる。2006 年において，60 歳時点の DFLE（聴覚，視覚，発声等の機能に支障が無い期間）は，上海，北京，天津を含む大都市が集中する東部で 14.8 年であったのに対し，西部では 12.8 年にとどまった（Liu *et al.* 2010）。行政区分別に見ると，上海が 20.8 年で最高，寧夏族自治区が 11.2 年で最下位となった。また，1 つの行政区の中でも，都市部と地方部で動作能力に支障の無い期間に差があることが，北京市を対象とした Zimmer *et al.*（2010）による研究で明らかになっている。さらに北京市の中でも，教育レベル，収入，職業，家財の有無によって，食事，300 メートルの歩行，入浴等の活動能力に支障の無い期間が異なることが報告されている（Kaneda *et al.* 2005）。

　中国以外のアジア諸国でも，健康寿命に関する研究が進められている。まず，シンガポールにおける研究の歴史は長く，高齢者を対象とした横断調査のデータをもとに，性別，教育レベル，そして人種・民族等，様々なグループ別の健康寿命が推計されている（Chan *et al.* 2016, Yong *et al.* 2011）。健康の定義や使われているデータ，推計の時点等は異なるが，台湾（Hidajat *et al.* 2013），タイ（Apinonkul *et al.* 2016），インド（Saikia and Bora 2016），バングラデシュ（Tareque *et al.* 2015），フィリピン（Cruz *et al.* 2007）といった国々でも健康寿命に関する研究が行われている。

第3節　健康寿命の要因に関する研究動向

　国全体の健康寿命の分析がこれまでの研究の中心だったのに対し，最近では，広がる健康格差を背景に，健康寿命の差を生んでいる要因に注目が集まっている。ここでは，主にヨーロッパとアジアにおける研究動向をまとめる。

(1) ヨーロッパ

　EU 加盟 25 カ国を対象とした Jagger *et al.*（2008）による研究では，2005 年において，一人当たり GDP，GDP に占める高齢者福祉費の割合，25〜64 歳人口で 4 週間以上の教育や訓練に従事している人の割合が高いほど，50 歳時点の健康寿命（HLYs）が長いことが報告された。一人当たり GDP が上がることによって医薬品や健康的な食事等，健康に関連した資産の入手が可能となり，引いては死亡率の改善につながることが明らかになっているが，本研究を通じ，一人当たり GDP が健康寿命にも影響を与えることが明らかになった。また，12 カ月以上に亘る長期の失業者の割合は，男性の HLYs と負の関係にあった。言い換えると，長期失業者の割合が高い国の男性ほど，50 歳時点で健康な状態で生きられる期間が短いことになる。さらに，2010 年の値を使った Fouweather *et al.*（2015）による分析では，EU25ヵ国において，経済的に困窮状態にある世帯の割合が HLYs と負の関係にある要素として新たに特定された。EU が HLYs の延伸を目指していることを考えると，健康寿命に関係している要素の特定を進めることは EU 全体の政策目標に資することになるであろう。

　同様の研究は，ヨーロッパの各国内でも行われている。たとえば，イギリスでは 1991 年，2001 年の 2 時点において，低社会階級者の割合（社会階級 IV：半熟練労働者，および V：非熟練労働者の割合の合計）と失業率が，平均寿命，および出生時の DFLE（長期間の疾病による制限のない人生の長さ）と負の関係にあった（Wohland *et al.* 2014）。イギリスでは，健康寿命が社会階級によって著しく異なることが分かっており（White and Edgar 2010），今後，国内の格

差縮小，特に低社会階級層における健康寿命の改善が重要になろう。また，健康寿命に関連した社会・経済的要素に関する研究は，スペインでも行われている（Gutierrez-Fisac *et al.* 2000）。スペインでは，南部より北部で，そして東部より西部における DFLE（日常生活における 1 年以上に亘る支障の無い人生の長さ）が長く，さらに，失業率，文盲率，および喫煙者率が高い州ほど，出生時時点の DFLE が短いことが分かっている。また，65 歳時点では，失業率と文盲率が DFLE と負の関係にあった。この結果から，スペイン国内における健康寿命の地域差は，教育レベル，労働条件，そして州民の生活習慣の違いによって説明されることが分かる。

(2)　アジア

　アジア各国においても，拡大しつつある健康格差のメカニズムを特定するため，健康寿命に関係している要因の分析が行われている。日本では，2010 年における 65 歳時点の DFLE（健康上の問題が日常生活動作に影響を与えない人生の長さ）に，47 都道府県の間で男性で 2.0 年（茨城 13.4 年－長崎 11.4 年），女性で 2.8 年（静岡 16.0 年－徳島 13.2 年）の開きがあった（Minagawa and Saito 2017）。さらに，各都道府県の社会・経済状況と 65 歳時点の DFLE との関係を見ると，一人当たり県民所得，県財政に占める社会福祉費割合，高齢就業者割合（65 歳以上）が DFLE と正の関係にあった。たとえば，県財政に占める社会福祉費割合が 1 パーセント上昇すると，65 歳時点の DFLE が男性で 0.17 年，女性で 0.11 年伸びることになる。一方，完全失業率と一人当たり介護保険給付額は，DFLE と負の関係にあった。この結果から，47 都道府県間の社会・経済状態の差が，住民の健康寿命の差につながっていることが分かった。健康日本 21（第 2 次）が DFLE の地域格差の縮小を目標の一つに設定している点を考慮すると，各都道府県における社会・経済状態の改善が，日本国内の健康格差の解消につながることが考えられる。

　また，前節で述べたとおり，中国でも健康寿命の地域格差が重要な問題となっている。22 省，5 自治区，4 直轄市において DFLE の差を生んでいる背景要因

の分析を行った Liu *et al.*（2010）の研究によると，一人当たり GDP，都市部人口割合，1万人当たりの病床数，1万人当たりの臨床医および看護師数が，60歳時点の DFLE と正の関係にあった。一方，60歳以上人口における文盲率，シャワー，水道，ガス，電気のない家屋の割合は，DFLE と負の関係にあった。1978年以降，大規模な改革の結果として中国は急激な成長を遂げたが，近年では，社会的不平等，特に大都市と地方都市との格差が問題となっている。Liu *et al.*（2010）の研究により，中国国内における社会・経済発展レベルの差が，住民の健康状態にも影響を与えている現状が浮き彫りとなった。

おわりに

　慢性疾患の拡大を背景に，人生を長さと質の両面から捉えた健康寿命が，平均寿命に並ぶ重要な国民の健康状態を示す指標として世界中で注目を集めている。特に，ヨーロッパやアメリカにおける研究の歴史は長く，政府の健康増進計画にも取り入れられている。最近では，データの充実と算出方法に関する研究の前進，また国を超えた共同研究の推進もあり，途上国における健康寿命の推計も盛んに行われている。こうした取り組みを通じ，世界中の国民の健康状態に対する理解が進むとともに，地域・国による格差も明るみに出つつある。先進国を中心とした最近の研究では，健康寿命の差を生み出している社会・経済的要因の特定が進んでいるが，GBD2016 で明らかになったように，人生の長さだけでなく質においても国家間で差が存在している現状を考えると，今後は，世界規模で健康格差の背景要因に関する研究を推進する必要があろう。

注

（1）出生時以外の年齢であと何年健康な状態で生きられかを推計する場合，「健康余命」という表現が用いられるが，本章では一貫して「健康寿命」と表記する。

参考文献

齋藤安彦（1999）『健康状態別余命』（NUPRI 研究報告シリーズ No.8）日本大学人口研究所.

Apinonkul, B., K. Soonthorndhada, P. Vapattanawong, C. Jagger, and W. Aekplakorn（2016）"Regional and Gender Differences in Years With and Without Mobility Limitation in the Older Population of Thailand," *PLOS ONE*, Vol.11, p.e0153763.

Cambois, E., C. Laborde, I. Romieu, and J.-M Robine（2011）"Occupational Inequalities in Health Expectancies in France in the Early 2000s: Unequal Chances of Reaching and Living Retirement in Good Health," *Demographic Research*, Vol.25, pp.407-436.

Chan, A., R. Malhotra, D. B. Matchar, S. Ma, and Y. Saito（2016）"Gender, Educational and Ethnic Differences in Active Life Expectancy among Older Singaporeans," *Geriatriacs & Gerontolgy International*, Vol.16, pp.466-473.

Crimmins, E. M., and Y. Saito,（2001）"Trends in Healthy Life Expectancy in the United States, 1970-1990: Gender, Racial, and Educational Differences," *Social Science & Medicine*, Vol.52, pp.1629-1641.

Crimmins, E. M., M. D. Hayward, H. Ueda, Y. Saito, and Jung K. Kim（2008）"Life With and Without Heart Disease among Women and Men over 50," *Journal of Women & Aging,* Vol.20, pp.5-19.

Crimmins, E. M., Y. Zhang, and Y. Saito（2016）"Trends over 4 Decades in Disability-Free Life Expectancy in the United States," *American Journal of Public Health*, Vol.106, pp.1287-1293.

Cruz, G. T., Y. Saito, and J. Natividad（2007）"Active Life Expectancy and Functional Health Status among Filipino Older People," *Canadian Studies in Population*, Vol.34, pp.29-47.

Fouweather T, C. Gillies, P. Wohland, H. Van Oyen, W. Nusselder, J-M Robine, E., Cambois, C. Jagger, JA:EHLEIS Team（2015）"Comparison of Socio-Economic Indicators Explaining Inequalities in Healthy Life Years at Age 50 in Europe: 2005 and 2010," *European Journal of Public Health*, Vol.25, pp.978-983.

GBD 2016 DALYs and HALE Collaborators（2017）"Global, Regional, and National

Disability-Adjusted Life Years (DALYs) for 333 Diseases and Injuries and Healthy Life Expectancy (HALE) for 195 Countries and Territories, 1990-2016: A Systematic Analysis for the Global Burden of Disease Study 2016," *Lancet*, Vol.390, pp.1260-344.

Gu, D., M. E. Dupre, D. F. Warner, and Y. Zeng (2009) "Changing Health Status and Health Expectancies among Older Adults in China: Gender Differences from 1992 to 2002," *Social Science & Medicine,* Vol.68, pp.2170-2179.

Gutierrez-Fisac J. L., R. Gispert R, and J. Sola (2000) "Factors Explaining the Geographical Differences in Disability Free Life Expectancy in Spain," *Journal of Epidemiology and Community Health*, Vol.54, pp.451-455.

Hayward, M. D. and M. Heron (1999) "Racial Inequality in Active Life among Adult Americans," *Demography*, Vol.36, pp.77-91.

Hidajat, M., Z. Zimmer, Y. Saito, and H. S. Lin (2013) "Religious Activity, Life Expectancy, and Disability-Free Life Expectancy in Taiwan," *European Journal of Ageing,* Vol.10, pp.229-236.

Idler, E. L., H. Leventhal, J. Mclaughlin, and E. Leventhal (2004) "In Sickness but Not in Health: Self-Ratings, Identity, and Mortality," *Journal of Health and Social Behavior*, Vol.45, pp.336-56.

Jagger, C., C. Gillies, F. Moscone, E. Cambois, H. Van Oyen, W. Nusselder, J-M. Robine, and The EHLEIS Team (2008) "Inequalities in Healthy Life Years in the 25 Countries of the European Union in 2005: A Cross-National Meta-Regression Analysis, " *Lancet,* Vol.372, pp.2124-2131.

Jagger, C., F. E. Matthews, P. Wohland, T. Fouweather, B. C., Stephan, L. Robinson, A. Arthur., and C. A. Brayne (2016) "A Comparison of Health Expectancies over Two Decades in England: Results of the Cognitive Function and Ageing study I and II," *Lancet*, Vol.387, pp.779-786.

Jagger, C., R. Matthews, F. Matthews, T. Robinson, J-M. Robine, C. Brayne, and Medical Council Cognitive Function and Ageing Study Investigators (2007) "The Burden of Diseases on Disability-Free Life Expectancy in Later Life," *The Journals of Gerontology Series A: Biological Sciences and Medical Sciences*, Vol.62, pp.408-414.

Jagger, C., M. McKee, K. Christensen, K. Lagiweka, W. Nusselder, H. Van Oyen, E. Cambois, B. Jeune, and J-M. Robine (2013) "Mind the Gap—Reaching the European

Target of a 2-Year Increase in Healthy Life Years in the Next Decade," *European Journal of Public Health*, Vol.23, pp.829-833.

Kaneda, T., Z. Zimmer, and Z. Tang（2005）"Socioeconomic Status Differentials in Life and Active Life Expectancy among Older Adults in Beijing," *Disability and Rehabilitation,* Vol.27, pp.241-51.

Link, B. G. and J. C. Phelan（1995）"Social Conditions as Fundamental Aauses of Disease," *Journal of Health and Social Behavior*, Vol.35, pp.80-94.

Liu, J., G. Chen, X. Song, I. Chi, and X. Zheng（2009）"Trends in Disability-Free Life Expectancy among Chinese Older Adults," *Journal of Aging and Health*, Vol.21, pp.266-285.

Liu, J., G. Chen, I. Chi, J. Wo, L. Pei, X. Song, L. Zhang, L. Pang, Y. Han, and X. Zheng （2010）"Regional Variations in and Correlates of Disability-Free Life Expectancy among Older Adults in China," *BMC Public Health*, Vol.10, pp.1-8.

Loukine, L., C. Waters, B. C. K. Choi, and J. Ellison（2011）"Health-Adjusted Life Expectancy among Canadian Adults With and Without Hypertension," *Cardiology Research and Practice*, Vol.2011, pp.1-7.

Luy, M., C. Wagner-Sigmund, and W. Lutz（2011）"Adult Mortaltiy in Europe," R. G. Rogers and E. M. Crimmins（eds.), *International Handbook of Adult Mortality*. New York: Springer, pp.49-81.

Minagawa, Y.（2013）"Inequality in Healthy Life Expectancy in Eastern Europe," *Population and Development Review*, Vol.39, pp.649-671.

Minagawa, Y., and Y. Saito（2017）"An Analysis of Factors Related to Disability-Free Life Expectancy at 65 Years of Age Across Japanese Prefectures," *the European Journal of Ageing*, Vol.15, pp.15-22.

Montez, J. K. and M. D. Hayward（2014）"Cumulative Childhood Adversity, Educational Attainment, and Active Life Expectancy among U.S. Adults," *Demography,* Vol.51, pp.413-35.

Muschik, D., J. Tetzlaff, K. Lange, J. Epping, S. Eberhard, and S. Geyer（2017）"Change in Life Expectancy with Type 2 Diabetes: A Study Using Claims Data from Lower Saxony, Germany," *Population Health Metrics*, Vol.15, p.5.

Omran, A. R.（1971）"The Epidemiologic Transition: A Theory of the Epidemiology of

Population Change," *Milbank Memorial Fund Quarterly,* Vol.69, pp.509-537.

Saikia, N. and Bora, J. K.（2016）"Does Increasing Longevity Lead Increasing Disability? Evidence from Indian States," *Social Change and Development*, Vol.13, pp.35-45.

Sanders, B. S.（1964）"Measuring Community Health Levels," *American Journal of Public Health*, Vol.54, pp.1063-1070.

Stuckler, D., L. King, and M. McKee,（2009）, "Mass Privatisation and the Post-Communist Mortality Crisis: A Cross-National Analysis," *Lancet*, Vol. 373, pp.399-407.

Sullivan, D. F.（1971）"A Single Index of Mortality and Morbidity," *HSMHA Health Reports*, Vol.86, pp.347-54.

Tareque, Md.I, Y. Saito, and K. Kawahara（2015）"Healthy Life Expectancy and the Correlates of Self-Rated Health in Bangladesh in 1996 and 2002," *BMC Public Health*, Vol.15, p.312.

Van Oyen, H., J. Heyden, R. Perenboom, and C. Jagger（2006）"Monitoring Population Disability: Evaluation of a New Global Activity Limitation Indicator (GALI)," *International Journal of Public Health*, Vol.51, pp.153-161.

Verbrugge, L. M. and A. M. Jette（1994）"The Disablement Process," *Social Science & Medicine*, Vol.38, pp.1-14.

White, C. and G. Edgar（2010）"Inequalities in Healthy Life Expectancy by Social Class and Area Type: England, 2001-03," *Health Statistics Quarterly,* Vol.45, pp.28-56.

Wohland, P., P. Rees, C. Gillies, S. Alvanides, F. E. Matthews, V. O' Neill, C. Jagger（2014）"Drivers of Inequality in Disability-Free Expectancy at Birth and Age 85 across Space and Time in Great Britain," *Journal of Epidemiology and Community Health*, Vol.68, pp.826-833.

Yong, V., D. Gu, M. Chen, and Y. Saito（2011）"Expected Lifetime With and Without Cataract among Older Adults in China," *Journal of Population Ageing*. Vol.4, pp.65-79.

Yong, V., Y. Saito, and A. Chan（2011）"Gender Differences in Health and Health Expectancies of Older Adults in Singapore: An Examination of Diseases, Impairments, and Functional Disabilities," *Journal of Cross Cultural Gerontology*, Vol.26, pp.189-203.

Zimmer, Z., M. Hidajat, and Y. Saito（2015）"Changes in Total and Disability-Free Life

Expectancy among Older Adults in China: Do They Portend a Compression of Morbidity? ," *International Journal of Population Studies*, Vol.1, pp.4-18.

Zimmer, Z., C. Jagger, C. T. Chiu, M. B. Ofstedal, F. Rojo, and Y. Saito (2016) "Spirituality, Religiosity, Aging and Health in Global Perspective: A Review," *SSM- Population Health*, Vol.2, pp.373-381.

Zimmer, Z., T. Kaneda, Z. Tang, and X. Fang. (2010) "Explaining Late Life Urban vs. Rural Health Discrepancies in Beijing," *Social Forces*, Vol.88, pp.1885-1908.

（菅原友香）

第5章 死因別に見たわが国の長期時系列
死亡データについて

はじめに

　死因別に死亡の変化を観察し分析することは，わが国の長寿化の現状，そして未来を考えるうえで不可欠な作業であろう。しかしながら，そうした分析を遂行する上で必要とされる死因別に見た長期時系列データは未だ十分な形では存在していないのが現状である。このことは今後，更なる長寿化が見込まれるわが国において，研究を深めるためにカギとなる材料を欠いていることを意味する。この長期時系列死因別統計の作成を阻んでいるのは，国際疾病分類（International Classification of Disease：ICD）のバージョン間に存在する死因定義の不整合である。そこで本章では，この不整合を詳細に検討し，接続を実現する方法について検討し，解説を行う。

第1節　死因別に見た長期時系列データの必要性

　急速に高齢化の進展するわが国において，死亡分析に適した死因別に見た連続性を確保した長期時系列死亡データの必要性は非常に大きいものの，現時点で十分な精度を持つデータは得られていない。一方，それに代わるものとして，厚生労働省より死因年次推移分類別にみた死亡数が公表されているが，これはわが国の主要な死因について，きわめて大まかに分類した死亡数の時系列データであり，詳細な分析に耐えるものとは言い難い。

　実際のデータを見ることでこのことを確認してみたい。以下の図は，粗死亡率と死因年次推移分類別に見たわが国における主要死因ごとの死亡率の推移を示したものである。粗死亡率（全死因）を見た場合，1994年と95年の間に大きな変動は見られないが（**図5-1**），主要死因別に見た場合には，同期間に大きな変動がみられる。例えば，1994〜95年の間で，悪性新生物，脳血管疾患によ

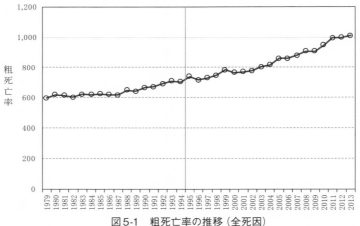

図5-1　粗死亡率の推移（全死因）
（資料）　人口動態統計より作成.

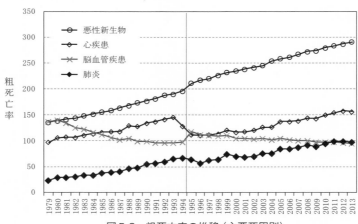

図5-2　粗死亡率の推移（主要死因別）
（資料）　人口動態統計より作成.

る死亡率が上昇する一方，心疾患[(2)]，肺炎による死亡率には減少がみられる（**図5-2**）。特に，脳血管疾患と心疾患の間では，このわずかな期間に，総死亡数に占める割合が逆転するほどの大きな変化が見られる。ここで用いられているのは死因分類として極めて大雑把なものであるが，それでも一貫した時系列を得ることが難しいことが理解されるであろう。

　そもそも詳細な死因分類に基づいた長期死亡データが得られないのは，死因別統計を作成する際に準拠している国際疾病分類（ICD）がおよそ 10 年ごとに改訂され，異なる版の間で各死因の定義が一致しないことが主な理由である。こうした状況に対して，Meslé & Vallin（1996）をはじめとして，異なる ICD 間で一貫した死亡データの構築を試みる研究が行われてきており，これまでに旧ソ連（Meslé *et al.* 1992），ロシア（Meslé & Vallin 1996），バルト三国（Hertrich & Meslé 1997），ウクライナ（Meslé & Vallin 2003），旧西ドイツ（Pechholdová 2009），モルドバ（Penina *et al.* 2010），チェコ共和国（Pechholdová 2010，Pechholdová *et al.* 2011），ポーランド（Fihel *et al.* 2010），そしてベラルーシ（Grigoriev *et al.* 2012）といった国について長期時系列データの構築が行われてきた。

　こうした経緯を踏まえ，以下では，わが国における死因別長期時系列データの構築に向けた取り組みについて紹介する。とりわけ近年でもっとも大きな改訂が行われた ICD9 から 10 への移行を対象とした取り組みに焦点を当て，それらの成果がわが国の高齢化や多死社会への変化を分析するに当たり，必要不可欠なデータを提供するものであることを紹介したい。

第 2 節　先行研究：INED における手法を中心に

　異なる ICD 間のデータの互換性を実現するに当たっては，古い ICD に基づいて作成された死亡届を用いて，再度，新しい ICD に基づいて死因を特定しなおすことがもっとも正確といえるが，データの制約から同手法が採られることは

ほとんどないといってよい。例外として、新しい ICD 導入時に 2 つの ICD によって同時に死因特定を行い、その間の差異を見る研究（Bridge-Coding Study）が行われることがあるものの（Office of Population Censuses and Surveys 1983, 厚生労働省 2015 ほか）、そういった場合でも、過去の全てのケース、年について行われることはなく、特定の年の抽出した一部ケースに対して、行われるのがせいぜいである。

それに代わる方式として発達してきたのが、フランス人口学研究所（INED）の Meslé & Vallin（1988, 1996）らによって開発されてきた手法であり、集計された死因別データから最新の死因分類に基づいた長期データを構築することが可能とされている。

同手法は 3 つの過程からなっており、1）ICD 切り替えの年の前後で、新旧の死因間の対応表を探し出し、対応関係群を作る、2）作成された対応関係群から死因単位での変換係数（transition coefficient）を求める、3）死因選択ルールの変更等、ICD 以外の変化の要因について検討するというものである。

これら過程は、医学的、統計学的な整合性を考慮しつつ行われるが、実際に明らかにされるべきことは、各国における死因選択の実践であり、これは社会文化的な影響を大きく受け、国、地域によって大きく異なるとされる（Meslé & Vallin 1996）。事実、イングランド、ウェールズを対象とした比較的網羅的な Bridge-Coding Study から得られた変換係数をフランスのデータに用いても、整合的なデータは得られなかった。その背景には英国とフランスにおける医学教育の差異があることが明らかにされた（Meslé & Vallin 1996）。一方で、こうした構造は各国内では安定的であり、切り替え年の前後のデータから求められた変換係数が過去すべての期間におおむね妥当するとされている（Meslé & Vallin 1996）。

こうしたことから、異なる ICD 間の長期データの整合性を得るに当たっては、上記の INED を中心に開発されてきた手法がもっとも信頼性が高い唯一のものといえよう。

第 3 節 方法論とデータ

本節では，先行する研究と同様，INED を中心に開発されてきた手法について，日本への適用方法について解説することとする[3]。

データは，厚生労働省より公表されている人口動態統計の内，保管統計表に掲載されている「死亡数，性・年齢（5 歳階級）・死因（死因基本分類）別」死亡数を用いる。なお，わが国における過去の ICD 改訂のタイミング及びデータの公開状況は**表5-1** の通りであるが，本研究では 1994〜95 年に起きた ICD9 から 10 への転換を研究対象とする。この転換はこれまででもっとも大きな変更であり，例えば，ICD9 では約

表5-1　わが国における ICD 改訂の時期について

ICD1	1899 –1908
ICD2	1909 –1922
ICD3	1923 –1932
ICD4	1933 –1945
ICD5	1946 –1949
ICD6	1950 –1957
ICD7	1958 –1967
ICD8	1968 –1978
ICD9	1979 –1994
ICD10	1995 –

（資料）　人口動態統計報告より作成.

6,000 項目であったものが ICD10 では約 12,000 項目に大幅に増設されている。なお，ICD9 の期間の内，1979〜80 年に関しては最小分類単位である 4 ケタ分類でのデータが公開されていないため，今回の分析対象から外すこととした。

以上を踏まえ，以下では具体的なデータ処理の手法，及び留意すべき点について詳述する。

第 4 節 具体的手法について

1 番目の過程は以下の 5 つの工程からなる。

工程 1：人口動態統計における基本分類を ICD 形式に変更する。

工程 2：ベンチマークとなる対応表（correspondence table）から日本の対応表を作成する。

工程3：上記から得られたデータをもとに対応関係群（associations）を作成する。

工程4：実際のデータを見ながら，日本のデータにあった対応関係群へと修正する。

工程5：対応関係ごとの一貫性，年齢構成を確認することで対応関係群を精査する。

　わが国の人口動態統計は，ICD（「国際疾病分類」）をもとに独自の分類（日本分類）を加えた人口動態死因統計分類基本分類表（「死因基本分類表」）をもとに作成されており，そのままでは国際分類とは一致しない。そのため，国際分類をもとに進展してきた先行研究の蓄積を参照するためには，日本分類を国際分類と同じ形式に戻す必要がある。

　日本分類については，人口動態統計報告の冒頭に一覧が掲載されており，国際分類の4桁表示に5桁目を加え，さらに細分化したもの，あるいは国際分類の欠番を利用して新たな細目を加えたもの，あるいはそれらを組み合わせて新たなグルーピングをしたものが含まれる。工程1はこれらをもとの4桁分類の国際分類に戻す作業である（**図5-3**）。

　この作業を行うに当たって，人口動態統計とは別途，国際分類の完全なリストが必要とされる。その理由は，INED方式では理論的に可能な対応関係の全てを検討対象とするため，死亡件数が0件の場合，その死因については表章されない人口動態統計からだけでは，完全なリストが作成できないためである。よって，最新のICD（ICD9につい

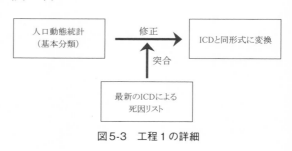

図5-3　工程1の詳細

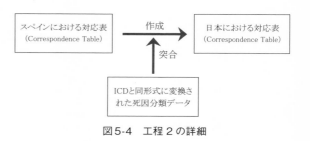

図5-4　工程2の詳細

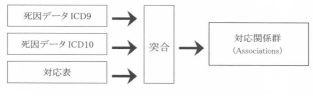

図5-5　工程 3 の詳細

ては最終版）のリストをもとに，日本がそれぞれの ICD を導入した時点の分類
にダウングレードしたものを作成し，⁽⁴⁾人口動態統計から得られたデータと突合
させることでその必要に応えることとする。⁽⁵⁾

　その結果，日本が採用した国際分類に基づいた全死因の一覧と，それに対応
する死亡データが用意され，ICD9 で 5,173 件の死因，ICD10 で 10,199 件の死因
を特定することができた。

　次の工程 2 は，対応関係群を作成するため，既に他の国について作成された
対応表（Correspondence Table）をベンチマークとして，日本の対応表を作成す
るものである（**図5-4**）。ここでは日本に先行して研究が進められていたスペイ
ンの対応法をベンチマークとして採用した。なお，スペインについての対応表
も，わが国と同様，独自の死因分類を持つと同時に，参照する ICD10 のバー
ジョンが異なるため，工程 1 で行った修正をベースに，日本の国際分類に対応
するよう修正を行った。その結果，2,620 の対応関係群（Associations）に集約
された。

　これらの 2 種類のデータをもとに，実際の死亡数が併記された対応関係
（Associations）を作成するのが工程 3 である（**図5-5**）。本作業を行うに当たっ
ては，それぞれのデータが完全に一致しているか，つまり，全死因リストと人
口動態統計から得られた死亡数データが完全に一致するか，また，すべての死
因が必ずいずれかの対応関係に含まれるかといったことを常に確認する必要が
ある。これは今後，膨大な対応関係を修正するに当たり，特に注意を要するこ
とである。

なお，完成した対応関係の
サイズを示した**表5-2**を見る
と，1,000以上の関係を含むも
のが4個，それ以外の大半は
1対1のシンプルな関係であ
ることがわかる。

実際に作成された対応関係
の例を**図5-6**に示した。それ
ぞれの左上にあるのは，対応

表5-2　対応関係の内訳

1つの対応関係群に含まれる対応関係の数	対応関係群の数	総対応関係群に占める割合
1	1,788	68.2%
2～10	703	26.8%
11－100	115	4.4%
101－1,000	10	0.4%
1,000以上	4	0.2%
合計	2,620	

（資料）筆者作成.

関係群の通し番号で，今回の場合，1～2660までの番号が振られている。一番左
側の列にあるのは，ICD10の死因コードで，その次の列に死因名，3列目に1995
年における死亡件数が記載されている。一方，一番右側の列にはICD9による
死因名があり，その左側にはそのICD9コードがいくつのICD10コードに対応
しているかを示している。この数が大きいほど，多くのICD10と対応しており，
多くの死因と関連していることを意味している。一方，Tとある場合，対応す
るICD10はその左側にあるコードのみであることを意味する。右から3列目は
ICD9のコードを示しており，そのさらに左側に1994年の死亡数が記載されて

（中略）

Association 1

A000	Cholera due to Vibrio cholerae 01, biovar cholerae'	1	0	0010	2	Due to Vibrio cholerae
A009	Cholera, unspecified	0	0	0010	2	Due to Vibrio cholerae
			0	0019	T	Cholera, unspecified'
1	A000, A009	1	0			0010, 0019

Association 28

A060	Acute amoebic dysentery'	1	0	0062	2	Amoebic nondysenteric colitis
			0	0068	3	Amoebic infection of other sites'
			1	0069	3	Amoebiasis, unspecified'
			0	0060	T	Acute amoebic dysentery without mention of abscess
A061	Chronic intestinal amoebiasis	0	1	0069	3	Amoebiasis, unspecified'
			0	0061	T	Chronic intestinal amoebiasis without mention of abscess
A062	Amoebic nondysenteric colitis'	0	0	0062	2	Amoebic nondysenteric colitis
A063	Amoeboma of intestine	0	0	0068	3	Amoebic infection of other sites'
A068	Amoebic infection of other sites'	0	0	0068	3	Amoebic infection of other sites'
A069	Amoebiasis, unspecified'	0	1	0069	3	Amoebiasis, unspecified'
28	A060, A061, A062, A063, A068, A069	1	1			0062, 0068, 0069, 0060, 0061

（後略）

図5-6　対応関係の例

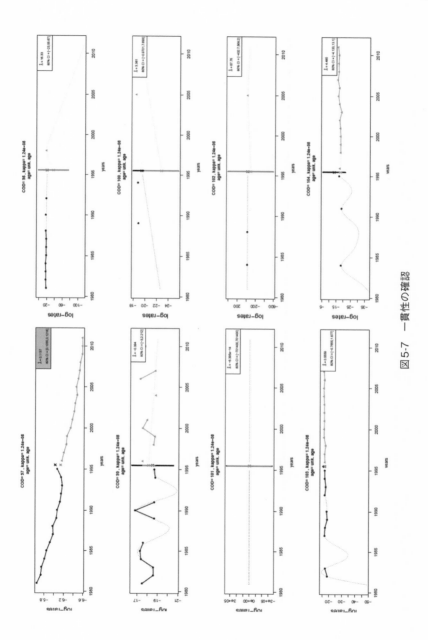

図 5-7　一貫性の確認

いる。それぞれの表の最後の行には，この対応関係に含まれる死因コードの全てと，その対応関係群に含まれるすべての死亡数の合計が記載されている。

INED 方式では，転換点の前後の年では各対応関係における死亡件数はおおむね一致するとの前提を置いている。よって，工程 4 では死亡件数のバランスを対応関係ごとに確認しながら，不要な関係を削除，あるいは必要な関係を付加するといった作業を行うことになる。

この作業は先行研究を含め，INED 方式の要の部分であるものの，詳細なマニュアルがあるわけではなく，柔軟な対応が求められる。これらの作業を行った後，工程 5 では，作成された対応関係群が妥当なものかを確認することとなるが，この方法として，対応関係ごとの時系列でみた死亡数の変化が ICD 切り替え前後で連続か非連続化を確認する手法がある（Camaruda & Pechholdová 2014）。具体的には実際のトレンドから延長される推計値を作成し，それがお互いに一定の信頼性の範囲内にあるかを見るというものである（図5-7）。

また，これとは別にその対応関係の死亡数の年齢別構成を見ることで，転換前後でそれが大きく変化していないかを見るという手法も用いられる（図5-8）。

以上のような工程を繰り返すことで，個々の対応関係群をより簡潔で整合的なものとし，その上で先述したように対応関係群ごとの変換係数を求めることになる。

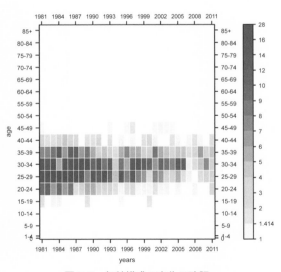

図5-8　年齢構成の変化の確認

第5節　その他に留意すべき点について——心不全に関する死亡診断書変更の影響

　INED 方式では，上記の作業のほかに死因選択ルールの変更等，ICD の改訂以外の要素についても考慮すべきであるとしている。この点について，わが国について現時点で明らかになっている大きな課題は，心疾患について，ICD 改訂の影響だけではなく，それに先立って平成 6 年に行われた新しい死亡診断書（死体検案書）（平成 7 年 1 月施行）における「死亡の原因欄には，疾患の終末期の状態としての心不全，呼吸不全等は書かないでください」という注意書きの事前周知の影響が挙げられる。

　以下にその実態を示す。心不全は ICD9 では 3 ケタ分類で 428，ICD10 では同じく 3 ケタ分類で I50 に相当するが，その推移をみると，1993〜94 年にかけて上記理由から大きく減少した後，さらに 94〜95 年にかけて大きく減少していることがわかる。その結果，1993 年時点で 10 万件超あった心不全による死亡は，1995 年には 4 割程度の約 4 万件程度にまで減少している。

　INED 方式では診断書作成ルールの変更などは，ICD 切り替え後に生じたケー

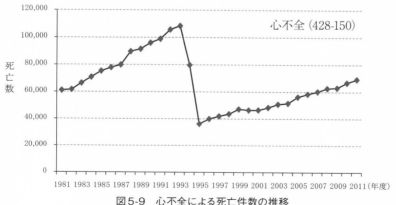

図5-9　心不全による死亡件数の推移
（資料）　人口動態統計より作成.

スが多いとしてきたことから，実際の修正作業も ICD 切り替えの影響を除去した後，行われることが多かった。しかし，わが国の事例は，ICD 切り替え前に起きているため，これを事前に行う必要があると考えられる。

　その場合，考えられる方法は以下の 2 つである。INED 方式では，特定の死因におきた変化について，その影響する範囲が限定される場合，その間での対応関係を別途設定する場合と，死因不明といったように特定の対応関係を想定できない場合，全死因に比例的にそれを按分する方法のいずれかが採られる（Meslé & Vallin 1996）。わが国における心不全のケースはこの内，後者に該当する事例と考えられるものの，その後の研究によりより複雑な対応が必要なことが明らかになっている（大津ほか 2017）。紙幅の関係からその詳細は割愛するものの，現在，ようやくこの作業にメドがつき，いよいよ対応関係群の検討に本格的に取り掛かることができる状況になりつつあるところである。

おわりに

　世界的に見て，最も高い水準の高齢化が進展するわが国において，死因別に見た長期時系列データの必要性は大きいといえるが，死亡分析に適した連続性を確保したデータ系列は存在しないのが現状である。その理由としては，約 10 年ごとに行われる ICD 改訂により一貫した死亡データが得られないことが大きい。この ICD 改訂前後の死因分類の整合性を図る方法としては，INED を中心に開発された手法（INED 方式）が現時点でもっとも信頼できると考えられる。本章ではわが国の死亡データに対して同手法を用いて，連続的な死因別長期時系列データを得ることが可能であることを紹介した。

　INED 方式は主に 3 つの過程からなり，それらは，1）ICD 切り替えの年の前後で，新旧の死因間の対応表を探し出し，対応関係群を作る，2）作成された対応関係群から死因単位での変換係数（transition coefficient）を求める，3）死因選択ルールの変更等，ICD 以外の変化の要因について検討する，というもので

ある。本章で述べたとおり，現在，この内，1995 年に行われた ICD9 から 10 への切り替えを対象とし，1 つ目の過程，及び 3 つ目の過程についての作業が進められたところである。

　今後，2 つ目の過程に関する研究を進め，全死因に関する適切な変換係数を求めて，わが国の死亡分析に資する連続的な長期死因系列データを構築していくことが課題となる。

注

(1) 年次推移分類は全死因をわずか 16 分類に分けただけのものである。

(2) 心疾患については，ICD 改訂の影響だけではなく，それに先立って平成 6 年に行われた新しい死亡診断書（死体検案書）（平成 7 年 1 月施行）における「死亡の原因欄には，疾患の終末期の状態としての心不全，呼吸不全等は書かないでください」という注意書きの，事前周知の影響もあると考えられる。これについては別途検討する必要がある。

(3) INED を中心に，各国において死因別長期データを得るためのプロジェクトが行われており（Modicod: "Le projet AXA Mortality Divergence and Causes of Death" Dimocha: "Project ANR-12-FRAL-0003-01 DIMOCHA"），本研究もその一環として行われたものである。

(4) ICD リストはいずれのソースを用いた場合も，欠損値や誤記が多くみられる。よって，実際のリスト作成に当たっては，不規則なものも含め，細心の注意を払いつつ作業する必要がある点に注意。

(5) なお，本作業は各国の研究成果が英語をベースに行われているため，死因名はすべて英語にて作成した。

参考文献

大津唯・是川夕・石井太（2017）「日本における長期時系列死因統計の構築に向けて——1993 年と 94 年の間の不連続の修正——」『長寿化・高齢化の総合的分析及びそれらが社会保障等の経済社会構造に及ぼす人口学的影響に関する研究（第 3 報告

書）』（所内研究報告第 70 号），国立社会保障人口問題研究所 , pp.25-40.

厚生労働省（2015）「第 10 回修正死因統計分類（ICD-10）と第 9 回修正死因統計分類（ICD-9）の比較」, http://www.mhlw.go.jp/toukei/sippei/icd.html（最終アクセス日 2015 年 2 月 25 日）．

Camarda, C.G. and M. Pechholdová（2014）"Assessing the Presence of Disruptions in Cause-Specific Mortality Series: A Statistical Approach," *Conference Paper*（MODICOD and DIMOCHA meeting: Paris, 23-24 October 2014）.

Fihel, A., Meslé, F., and Vallin, J.（2010）"Mortality by Causes of Death in Poland 1970-2007: Preliminary Findings," 3rd Human Mortality Database Symposium, Paris 17-19 June 2010, 21 slides.

Hertrich, V. and Meslé, F.（1997）"Mortality by Cause in the Baltic Countries since 1970: A Method for Reconstructing Time Series," *Revue Baltique*, Vol.10, pp.145-164.

Meslé, F. and Vallin, J.（2003）*Mortalité et causes de décès en Ukraine au XXe siècle: la crise sanitaire dans les pays de l'ex-URSS (Les Cahiers de l'INED No.152)*, Paris: INED.

Meslé, F. and Vallin, J.（1996）"Reconstructing Long-Term Series of Causes of Death," *Historical Methods*, Vol.29(2), pp.72-87.

Meslé, F., Shkolnikov, V., Hertrich, V., and Vallin, J.（1996）*Tendances récentes de la mortalité par cause en Russie, 1965-1994 (Données statistiques No.2)*, Paris: INED.

Meslé, F., Shkolnikov, V., and Vallin, J.（1992）"Mortality by Cause in the USSR Population in the 1970-1987: The Reconstruction of Time Series," *European Journal of Population*, Vol.8, pp.281-308.

Office of Population Censuses and Surveys（1983）*Mortality Statistics: Comparison of 8th and 9th Revisions of the International Classification of Diseases, 1978 (sample)* London: OPCS, Series DN1, No.10.

Pavel Grigoriev *et al.*（2012）"Reconstruction of Continuous Time Series of Mortality by Cause of Death in Belarus, 1965-2010," MPIDR Working Paper WP2012-023, pp.1-36.

Pechholdová, M.（2009）"Results and Observations from the Reconstruction of Continuous Time Series of Mortality by Cause of Death: Case of West Germany, 1968-1997," *Demographic Research*, Vol.21(8), pp.535-568.

Pechholdova M.（2010）"Four Decades of Cause-Specific Mortality in the Czech Republic,

West Germany and France," PhD Thesis, Prague: Charles University.

Pechholdová, M., Meslé, F., and Vallin, J.（2011）"Metoda rekonstrukce souvislých řad úmrtí dle příčin: výsledky aplikace na Českou republiku [The Reconstruction of Continuous Time Series of Mortality by Cause of Death: Application to the Czech Republic]," *Demografie*, Vol.53, pp.5-18.

Penina, O., Meslé, F., and Vallin, J.（2010）"What Causes of Are Driving Life Expectancy in Moldova", Paper presented at the European Population Conference, Vienna.

Vallin, J. and Meslé, F.（1988）*Les causes de décès en France de 1925 à 1978 (Travaux et Documents, Cahier no.115)*, Paris: INED/PUF.

（是川　夕）

第6章　現役世代の健康・死亡と社会経済要因

はじめに

　日本は世界一長寿の国で，定年（65歳）までの生存確率も約10人に9人と高く，[1] 世界的に蔓延が進んでいるといわれる肥満症も同じ先進国のなかでは少ない部類に属する。しかし，生産年齢人口の減少と国民医療費の増加という二重の課題をかかえ，現役世代の健康・寿命を脅かす悪性新生物などの慢性疾患やメンタルヘルス，自殺などが社会的な問題として浮上する。本章では，現役世代における健康・死亡の実態とその社会経済要因について考察していきたい。

　全体の構成として，まず，第1節では，厚生労働省の『人口動態統計』，『過労死等の労災補償状況』，『過労死等防止対策白書』等を用い，現役世代の健康・死亡の実態を概観する。次に，第2節では経済学，社会疫学，心理学など学際的な視点で健康・死亡に影響する諸要因を述べ，第3節では，（独）労働政策研究・研修機構が2013年行ったアンケート調査を用い，現役世代の健康要因を計量的に分析した結果を示す。そして最後に，結論と残された課題について述べる。

第1節　働く人の死亡・健康の実態

　本節では，働く人を生産年齢人口として捉え，この年齢層での死因の観察により，健康の実態に迫る。厚生労働省の『人口動態統計』によると，2016年の

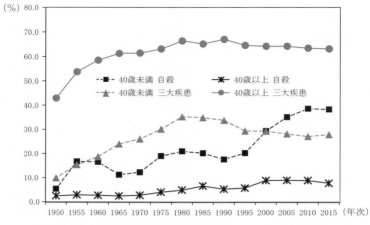

図6-1　年齢階層別死亡者に占める各死因の割合（15〜64歳）

生産年齢人口（15〜64歳）における死亡者数は 133,465 人であるが，死因とし
て最も多いのは悪性新生物で，死亡全体の約 4 割を占めている。次いで，心疾
患，自殺，脳血管疾患の順になっている。

　生産年齢人口の中でも 40 歳未満層と 40 歳以上層では死因の順位が異なる。
図6-1 を見てみよう。40 歳未満層は 1995 年までは三大死因（悪性新生物，心疾
患，脳血管疾患）が自殺を上回っていたが，2000 年以降は自殺が三大死因を上
回り，今ではおおよそ 3 人に 1 人が自殺による死亡である。一方，40 歳以上層
では三大疾患による死亡が圧倒的に多く，死亡全体に占める割合は 1960 年代後
半からずっと 6〜7 割の水準で推移している。ちなみに，三大疾患の中でも悪
性新生物による死亡は最も多く，死因の約 4 割を占めている。一方，自殺によ
る死亡は 1 割を切っている。なお，自殺による死亡は 1990 年から 2010 年まで
のいわゆる「失われた 20 年」間に全年齢層で急増を見せているが，主な増加分
は事業不振や失業，生活窮乏など経済・生活問題に起因する自殺と見られる（内
閣府『自殺対策白書（平成 29 年版）』）。

　近年過労死も注目を集めている。[2] 過労死は脳疾患・心疾患に起因するものと，
精神疾患によるものに分かれるが，近年は後者の急増がより問題になっている。

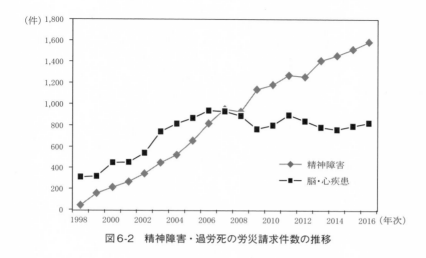

図6-2　精神障害・過労死の労災請求件数の推移

図6-2 は「過労死等の労災補償状況」の請求件数を脳・心疾患と精神障害に分けてみたものである。これを見ると，脳・心疾患は1998年から増加傾向にあり，2006年に938件とピークに達したが，その後800件台で横ばいの状態が続いている。一方，精神障害は2000年代に入ってからも増加傾向が続いており，2007年からの労災請求件数は脳・心疾患のそれを上回っている。2016年では，精神障害による請求件数は1,586件と過労死全体の65.8％を占めるに至っている。なお，過労死の主な原因は長時間労働である。長時間労働は脳・心疾患の発症リスクを増加させるだけでなく，今では精神疾患にも関係するとのエビデンスが蓄積されつつある。

第2節　死亡・健康の社会経済要因

健康・死亡の社会経済要因については経済学，社会疫学，公衆衛生学，心理学など多領域で研究が進んでいる。以下，それぞれの分野での理論モデル，実証研究等を紹介する。

(1) グロースマンの健康モデル

　経済学者のグロースマンは個人の健康状態を人的資本の一部分をなすものとして考え、健康資本という概念を取り入れている（Grossman 1972）。健康資本は年齢とともに減少するが、健康投資を行えば増加することも可能である。しかし、健康投資は医療費をはじめ諸コストがかかり、加えて、労働時間を犠牲にしなければならないという機会費用も生まれる。これは健康投資が予算制約の影響を受けることを意味し、よって、低所得層や貧困層では健康投資を抑制することにより将来の健康（将来疾病にかからない可能性）を犠牲にしてしまう可能性が示唆される。

　健康投資の概念を生活習慣病の誘因とされる肥満と関連付けて考えてみよう。肥満は近年「伝染病」といわれるほど世界中に広がりを見せている。なかでも肥満大国と呼ばれるアメリカでは肥満が大きな社会問題となっているが、この国の肥満は低所得層に多く見られている。これは低所得層が経済的な理由から健康投資を怠っていることと大きく関係する。その一例として不健全な食習慣があげられる。周知のとおり、加工食品やジャンクフードを多く食べることは過度のカロリー摂取による肥満につながる。しかしながら、これらの食品は新鮮な野菜や果物に比べて安価であり、それゆえ、低所得層にとって比較的消費しやすいものとなっている。実際、アメリカの低所得層は肥満の確率だけではなく、疾病罹患率や死亡率も高所得層に比べて高く、これは低所得層の不十分な健康投資と不可分である。

　グロースマンの健康モデルは健康と学歴との関係にも注目している。同モデルにおいて、高学歴は高所得を通じて健康投資の予算制約線を大きくするだけではなく、効果的な健康管理をも促進する。高学歴ほど健康情報へのアクセス・収集能力が高く、それを自身や家族の健康に有効活用する能力にも長けているからである。

(2) 社会経済的地位（SES）の影響

　疫学や公衆衛生学ではしばしば教育水準や所得・資産水準、職業階層などを

包括的に扱った概念としての SES（McLaren 2007）に注目して死亡率や疾病率への影響を見ている。SES は個人またはグループの社会的地位・階級を表すもので，経済学で使われる所得や貧困よりは広義の概念である。

　SES と健康に関する初期の研究は 19 世紀半ばのイギリスにおいて行われた。SES 指標としては職業階層が用いられ，肉体労働者（男性）は上位職階の専門職に比べての死亡率が高く，寿命が短いことが立証された（Macintyre 1997）。健康の社会階層間格差に関する代表的な研究としてホワイトホール（Whitehall）研究がある。同研究はイギリスの公務員を対象に死亡率の職階間格差を検証し，職階の底辺にいる人はトップにいる管理職に比べて死亡率が 4 倍も高いことを明らかにしている。SES と健康・死亡に関する研究は 20 世紀のイギリスにおいても蓄積された。たとえば，Smith *et al.*（1990）によるとイギリス人の死亡率や健康の社会階層間格差は 1970 年代から 1980 年代にかけて拡大傾向にある。SES と健康・寿命との正の関係はアメリカでも幅広い年齢層で観察されている（Pamuk *et al.* 1998）。たとえば，45 歳時点の平均余命は最高所得層（世帯年収 25,000 ドル以上）のほうが最低所得層（同 10,000 ドル未満）より 3〜7 年長い。心臓病や肺がん，糖尿病などの慢性疾病による死亡率は SES（学歴，世帯所得）が低い層で高く，SES 間のこの差は高年齢層（65 歳以上）より青壮年層（25〜64 歳）により顕著に現れている。慢性疾病や傷害のもたらす影響は長期にわたる。その結果，就労，家事等の身体活動に制限が見られる。このような活動制限においても SES による差が存在するが，この傾向は高年齢層だけではなく，18〜64 歳層つまり青壮年層にも現れる。日本では高齢者を対象に行った日本福祉大学の AGES プロジェクト研究（Aichi Gerontological Evaluation Study：愛知老年学的評価研究）において，SES が低いほどうつ，口腔ケア，低栄養，転倒歴や生活習慣，閉じこもりなどの健康問題を抱えていることが明らかにされている（近藤編 2007）。

　上述のように，SES と健康・死亡との関係は膨大な研究により立証されている。では，両者を繋ぐ経路は何か。Adler and Katherine（2002）は，医療資源，健康行動，環境曝露，心理的ストレス等の 4 点を指摘する。[5]まず SES の低い層

は医療資源へのアクセス機会が制限される可能性が高い。日本では半世紀前に国民皆保険体制が実現され，比較的安い費用で治療を受けることが可能になった。しかし，健康保険に加入していても3割の自己負担がかかるため，貧困層では受診抑制が生じることが考えられる。検診，福祉制度の利用などにも階層差が見られる。近藤編（2007）によると，健康診断の未受給率は教育年数が13年以上では男性14.5%，女性18.9%であるのに対し，教育年数が6年未満では男性34.6%，女性32.2%と高くなっている。

SESの低い層は喫煙，飲酒，運動不足，高カロリーな食事など健康に好ましくない行動をとりやすい（Pamuk *et al.* 1998, Lowry *et al.* 1996）。そのうち，運動不足と不健全な食習慣は今日の世界的な健康課題である生活習慣病と密接な関係にある。SESの低い層が新鮮な野菜や果物より高カロリー・高エネルギー食品を多く消費し，運動不足になりやすいということは，彼らが生活習慣病にかかりやすいことを示唆する。実際，SESと生活習慣病との負の相関関係は膨大な既存研究により立証されている。

また，SESの低い層は劣悪な物理・社会環境に曝されやすい。たとえば，環境汚染（鉛，アスベスト，二酸化炭素，産業廃棄物など）や騒音，人混みの地域に居住，就業することが考えられる。社会ネットワーク（社会結束力・社会資本）の欠乏，社会的排除などのリスクも高い。

SESが健康に影響する経路の1つに心理的ストレスが指摘されている。Wilkinson（1997）は先進国において所得格差が大きい国ほど健康状態が悪いことをあげ，これは精神的な経路が特に重要な役割を果たしている可能性を指摘している。平等な社会ほど結集力が強く，社会的信頼も厚い。このような社会で暮らす市民は社会的ネットワークが上手く機能するので健康状態も良い。それに対し，不平等な社会では社会的ネットワークが上手く機能しない。加えて，低いSESでは社会的排除や自尊心の喪失，失業等のリスクの上昇に直面することが多い。それゆえ，心理的ストレスを抱えやすく，健康が損なわれる。Beydoun and Wang（2010）によると，心理的ストレスは肥満など不健康になるリスクを高める働きを持つ。

　健康・死亡は親の SES にも影響される。たとえば，日本女性は父親が低学歴であったり，父親がいない家庭に育ったりすると肥満になる確率が高く，その影響は成人後の本人の SES を考慮しても解消されることはない（李 2012）。親の SES が子どもの健康に影響するという考え方の背後には，子どもの頃の物理的または社会的暴露が生涯にわたり健康にダメージを与えるというライフコース疫学の考え方が反映されている。

　Ben-shlomo & Kuh（2002）はライフコース疫学を，「胎児期，小児期，思春期，青年期，そしてその後の成人期における物理的または社会的な曝露についての，その後の健康や疾病リスクへの長期的な影響に関する研究」と定義している（尾島・近藤 2011）。ライフコースモデルには臨界期モデル（critical period model）とリスクの累積（accumulation of risk）の 2 種類の概念モデルがある。臨界期モデルとは，子どもの頃の経験は長期にわたるその人の生物学上の，あるいは，行動上の特性を決め，やがて永続的で取り返しのつかないダメージまたは疾病をもたらす可能性がある，という考え方である。肥満との関連で言うと，低学歴で貧困家庭に育った子どもはタバコや酒，脂肪分の高い食事など慢性疾患をもたらすような生活習慣が身につきやすく，その結果，肥満につながる可能性が考えられる（Lowry *et al.* 1996）。一方，リスクの累積モデルは人生の中での種々の要因が徐々に積み重なって大人期の疾病発症につながる，という考え方である。種々の要因はそれぞれが独立してお互いに相関のない要因の累積による場合もあれば，リスクの連鎖による場合もある（尾島・近藤 2011）。後者はパスモデル（pathway model）に通じるところがある。たとえば，貧しい家庭に生まれた子どもは貧困や親の夫婦関係の悪化，家庭内暴力などにより十分な教育を受けることも，その後大人になってから良い仕事に就くこともできず貧困の連鎖に陥ってしまい，それによって，疾病のリスクが増えることとなる。

　ところで，SES 指標として用いられる所得，教育，職業階層等は社会・経済資源へのアクセス情報を提供するという意味合いを持っている（Duncan *et al.* 2002）。

　まず，教育は雇用・就業環境や収入，消費水準を通じて健康に影響を与える。教育水準が高い者は健康資源や情報にアクセスする能力が高く，したがって，教育水準が低い者に比べて健康状態が良い。Duncan *et al.* は教育変数を SES 指標として使用するメリットとして，学校教育は比較的早い段階で終了するため健康に与える影響を検証する上で逆相関にならないことをあげている。教育，所得，職業階層の変数を同時に投入して心血管疾患のリスク因子との相関を分析した Winkleby *et al.*（1992）の研究では最終的に有意な結果が得られたのは教育変数のみである。

　所得変数については，低い所得水準は，栄養失調や劣悪な居住・教育環境，そして，医療資源へのアクセスや活用の制限を通じて健康に悪影響を与える。所得と健康の関係は古くから議論されているが，その関係は食糧不足が問題とされる発展途上国でとりわけ強くあらわれている。しかし，貧困レベル以上でも相対的な所得格差により不健康問題が生じるといわれている（相対所得仮説）。

　職業階層変数は労働市場で働く者の SES を評価する際によく使われる。職業階層変数は就業における心理社会的または物理的な不利益や，期待収入，そして，社会資本に関する情報を提供する。職業階層変数はヨーロッパの国でよく使われているが，教育変数と異なり，健康が職業に影響を与えるという逆相関の問題が存在することも考えられる。

　SES の概念や指標については，研究者の間でコンセンサスが得られておらず，所得，教育，職業階層のうちいずれか 1 つだけが使われる場合や，複数の変数が使われる場合，もしくは，これらの複合変数が使われる場合など様々である（Sobal and Stunkard 1989）。さらに，具体的な指標として，教育については学歴，識字能力などが，所得については世帯収入，貧困，金融資産，住居などが，職業階層については職種や失業，不安定雇用などが使われている（McLaren 2007）。

　SES と健康・死亡との関係は膨大な研究蓄積を経て次第にコンセンサスが得られている。しかし，日本人特有の寿命伸長の要因として急速な経済成長，二種類の寿命転換⁽⁶⁾，食生活，伝統的な衛生習慣・健康志向，遺伝などをあげてい

る堀内（2010）は，日本における社会経済要因の影響について懐疑的な立場である。その根拠として，既存研究において社会経済的指標と平均余命または死亡率との相関が比較的弱いこと，両者の関係が男女で異なること，高齢の死亡率では逆の相関が見られること，社会経済的地位による健康格差がイギリスやフィンランドに比べて小さく，一貫性を欠いていること，を指摘している。

　堀内は，健康・寿命の社会経済的差異が他の先進諸国ほど明瞭で一貫していない理由としては日本社会が「タテ社会」であることをあげている。「タテ社会」では異なる社会階層間での文化面・コミュニケーション面での平等性が高く，このような社会では「社会経済的地位の低い階層における不満感疎外感を緩和して，健康について無関心・投げやりな態度になるのを防ぎ」，「新しい医療サービスの利用や，新しい健康情報・生活習慣が比較的速やかに社会全体に普及して，医療・健康面でのイノベーションの効果が死亡率・平均余命などの指標に反映されやすくなど」と指摘する。しかしながら，上述の結論は都道府県（市町村）レベルの集計データや小規模疫学調査を用いた既存研究に寄るところが多く，個人レベル特にパネル調査を用いた大規模追跡調査を用いた分析が望ましいことを指摘している。

（3）ソーシャルキャピタルの影響

　ソーシャルキャピタルも健康に影響する要因の1つである。ソーシャルキャピタルは社会学や政治学，経済学，犯罪学など幅広い分野で注目される概念で，ソーシャルキャピタルの豊かさは主観的健康感を高め，死亡率を低下させる働きをする（近藤 2005）。アメリカ，カリフォルニア州アラメダ郡の居住者を対象に行ったいわゆるアラメダ研究によると，家族，友人，親戚などの数および接触頻度によって測定されるソーシャルネットワーク（社会的関係）の量が少ないほど高い死亡率が観察されている（Berkman *et al.* 1979）

　ソーシャルキャピタルは社会レベルと個人レベルに分かれる。アメリカの政治学者であるパットナム（Putnum）はソーシャルキャピタルを「社会の効率性を改善できる信頼，規範，ネットワークといった社会組織の特徴（近藤 2005,

p.138）として定義する。この捉え方は社会レベルのソーシャルキャピタルである。一方，ソーシャルキャピタルという言葉自体を最初に使ったことで有名なアメリカの教育学者のハニファン（Hanifan）は，人々のつながりや付き合いがソーシャルキャピタルの蓄積につながるとして，個人レベルの社会的ネットワークや交流，サポートなどもソーシャルキャピタルの一種と見なしている。

（4）働く人の健康要因

　これまで健康・死亡の社会経済要因について述べたが，働く人特有の健康要因もある。たとえば，不安定な雇用，仕事における自主性の欠乏と単調さは健康に対しネガティブな影響を与えかねず（Brunner 1997），日本では山本（2011）により正規雇用の職がないために仕方なく非正規の仕事に就いた者は失業者と同様不健康になる確率が高いことが判明している。

　働く女性の場合，家庭や職場での役割の過多からストレスをため込んでしまう可能性があるとする役割ストレイン説（role strain）が提唱されている（Williams *et al.* 1991, Ross *et al.* 1990）。女性就業と主観的健康感との関係を考察した馬場・近藤（2005）によると，日本の24〜44歳女性の就業は概して主観的健康感に正の影響を与えるが，40歳以上の有配偶女性は常勤の仕事をしていても家庭内役割と仕事の二重負担で健康が悪化する傾向がある。

　就業と肥満についてみよう。鈴木（2011）によると，長時間労働は肥満を助長するとされる。具体的には労働拘束時間（通勤時間を加えた労働時間）が1時間長くなるとBMIは0.107ポイント，高度肥満になる確率は0.89％高くなる。また，金属製品工場に勤める労働者は座りがちの仕事や交替制労働が肥満の要因となる（Ishizaki *et al.* 2004）。また，李（2012）によると，母親の労働時間が長くなると，その子どもは肥満になる確率が高くなっている。

第 3 節　分析

　本節では JILPT が 2013 年に行ったアンケート調査「職業キャリアと働き方に関するアンケート」の従業員票を用いて現役世代の健康要因を分析する。同データセットのうち，企業に雇われている雇用者だけを抽出し，そこから就業選択や健康要因が他の雇用者と異なると思われる既婚女性サンプルを除いた計 2,472 名（男性 1,784 名，女性 688 名）を分析の対象とする。

　分析に当たり，身体面と精神面の不健康ダミーを被説明変数としたプロビット推定を行う。不健康ダミー変数は「あなたの心身の健康状態はいかがですか」という質問に対し，身体面と精神面のそれぞれにおいて「健康でない」，または，「どちらかといえば健康でない」を選んだ場合に 1 を，「健康である」，または，「どちらかといえば健康である」を選んだ場合に 0 とした。

　説明変数としては，貧困経験の有無，社会階層，学歴，等価所得等 SES 変数，相談相手の数と配偶者の有無等ソーシャルキャピタル変数，仕事への不満度と，将来見通し等心理的ストレスを表す変数と，コントロール変数として，性別（男性 1，女性 0），年齢を投入した。

　説明変数の加工方法は次のとおりである。まず，貧困経験の有無変数は，過去 3 年間に経済的な困窮から光熱費または家賃を払えなかった場合や病院に行くのを我慢した場合があると 1 を，それ以外を 0 とした。学歴変数は最終学歴（就職後も含む）が大学以上の場合に 1 を，それ以外を 0 とした。等価所得変数はカテゴリ化された世帯年収の中央値を世帯人数のルートで割った値の対数値である。相談相手の数は悩み相談や助けを求められる相手の人数を「いない」，「1 人」，「2 ～ 4 人」，「5 人以上」にカテゴリ化してダミー変数を作成した。婚姻状況については既婚を 1，未婚，または，離死別を 0 とした。仕事の不満度変数は，①賃金，収入，②労働時間，休日・休暇，③仕事の内容，④職場の人間関係，⑤雇用・就業の安定性，⑥能力や知識を身につける機会，⑦いまの仕事全体，の七つの項目について「満足」1 点，「やや満足」2 点，「どちらでもな

い」3点，「やや不満」4点，「不満」5点と点数化し，得点を足し合わせた。将来見通し変数は明るい見通しと暗い見通しのそれぞれ変数を作成した。具体的には，明るい将来見通し変数は，「収入増加」，「生活が豊かになる」，「将来に希望が持てる」，「安心して老後を過ごせる」，「子どもをつくる」，「資産を残す」，「持ち家に住む」などにおいて，「すでに該当している」を選んだ場合5点，「大いにあてはまる」を選んだ場合4点，「ややあてはまる」を選んだ場合3点，「あまりあてはまらない」を選んだ場合2点，「まったくあてはまらない」を選んだ場合に1点とし，すべての得点を足し合わせた。暗い将来見通し変数は，「自分が失業」，「家計の担い手が失業」，「家賃が支払えなくなる」，「生活保護受給」，「ホームレスになる」などが起こる可能性に対し，「すでに起こっている」を選んだ場合5点，「大いにある」を選んだ場合4点，「ある程度ある」を選んだ場合3点，「あまりない」を選んだ場合2点，「まったない」を選んだ場合に1点，と点数化し，すべての得点を足し合わせた。

　表6-1は上記変数の記述統計量である。まず，身体面で健康な人と不健康な人を比較する。不健康な人は健康な人に比べて貧困経験者が倍以上多く，大卒以上学歴が少なくなっている。等価所得は健康な人の328.4万円に対し，不健康な人は307.6万円と約20万円の開きがある。ソーシャルキャピタルと主観的不健康との関係を見る。相談相手が「いない」または「1人」の割合は不健康な人で10.2％，12.3％と健康な人の3.5％，5.4％を大きく上回っている。一方，相談相手が「5人以上」の割合は健康な人で69.0％であるのに対し，不健康な人では55.6％と10ポイント以上低い。不健康な人は配偶者のいる割合も低く，健康な人に比べて個人レベルのソーシャルキャピタルが充実しているとは言えない現状がうかがえる。心理的ストレスを見ると，不健康な人は仕事への不満度は高く，将来に対して悲観的な人が多いのに対し，健康な人は将来に対し明るい見通しを立てている人が多いのがわかる。総じて身体面で不健康な人は健康な人に比べて，SESが低く，ソーシャルキャピタルが乏しい上に，仕事上あるいは経済面でストレスを抱えている可能性も高くなっている。同様の傾向は精神面で不健康な人と健康な人を比較した場合にもあてはまる。

　次に，性別，年齢など個人属性をコントロールしても同じことが言えるのか
をみるため，プロビット推定を行い，その結果を**表6-2**に示した。これを見る
と，まず身体面の不健康要因として，「貧困経験」，「相談相手（いない）」，「相
談相手（1人）」，「仕事不満度」，「暗い将来見通し」において正で有意な影響が
観察された。これは過去に貧困経験があったり，相談相手が少なかったり，将
来への見通しが悲観的であったりすると身体面で不健康である確率が高くなる
ことを意味する。たとえば，過去に貧困に陥ったりすると身体面で不健康を感
じる確率が11.3％高くなる。また，相談相手が「5人以上」の場合に比べると，

表6-1　記述統計

	健康					不健康				
	Obs	Mean	Std. Dev.	Min	Max	Obs	Mean	Std. Dev.	Min	Max
身体面										
貧困経験	1421	0.081	0.273	0	1	187	0.214	0.411	0	1
大卒以上	1421	0.374	0.484	0	1	187	0.316	0.466	0	1
等価所得（万円）	1421	328.4	179.8	11.2	1250.0	187	307.6	194.0	33.5	1237.4
相談相手の数（いない）	1421	0.035	0.184	0	1	187	0.102	0.303	0	1
相談相手の数（1人）	1421	0.054	0.226	0	1	187	0.123	0.329	0	1
相談相手の数（2〜4人）	1421	0.220	0.415	0	1	187	0.219	0.415	0	1
相談相手の数（5人以上）	1421	0.690	0.463	0	1	187	0.556	0.498	0	1
既婚	1421	0.515	0.500	0	1	187	0.471	0.500	0	1
仕事不満度	1421	19.1	5.6	7	35	187	22.0	6.0	7	35
明るい将来見通し	1421	17.4	4.6	7	30	187	14.9	4.8	7	30
暗い将来見通し	1421	9.0	2.9	5	20	187	10.3	3.3	5	20
精神面										
貧困経験	1335	0.082	0.275	0	1	273	0.165	0.372	0	1
大卒以上	1335	0.375	0.484	0	1	273	0.330	0.471	0	1
等価所得（万円）	1335	334.3	184.9	11.2	1250.0	273.0	285.3	157.9	11.2	883.9
相談相手の数（いない）	1335	0.035	0.184	0	1	273	0.081	0.273	0	1
相談相手の数（1人）	1335	0.052	0.223	0	1	273	0.110	0.313	0	1
相談相手の数（2〜4人）	1335	0.209	0.407	0	1	273	0.275	0.447	0	1
相談相手の数（5人以上）	1335	0.703	0.457	0	1	273	0.535	0.500	0	1
既婚	1335	0.519	0.500	0	1	273	0.465	0.500	0	1
仕事不満度	1335	18.8	5.5	7	35	273	22.9	5.7	7	35
明るい将来見通し	1335	17.6	4.6	7	30	273	14.8	4.8	7	30
暗い将来見通し	1335	8.9	2.9	5	20	273	10.1	3.2	5	20

相談相手が「いない」場合や「1人」の場合には身体面で不健康を感じる確率はそれぞれ 11.3％, 7.9％高くなる。一方,「明るい将来見通し」においては負で有意な影響が観察された。将来への見通しが明るい場合には身体面で不健康である確率が有意に低くなることを意味する。

次に, 精神面の不健康要因として,「貧困経験」,「相談相手（いない）」,「相談相手（1人）」,「相談相手（2〜4人）」,「仕事不満度」において正で有意な影響が, 一方,「明るい将来見通し」においては負で有意な影響が観察された。身体面の不健康と同様, 過去に貧困経験があったり, 相談相手が少なかったり, 仕事に不満を抱いたりすると精神面で不健康である確率が高くなる。一方, 将来見通しが明るい場合には精神面でも健康である可能性が有意に高くなっている。

要約すると, 低い SES や脆弱なソーシャルキャピタル, 心理的ストレスは心身両面で健康を損ねる要因であることが観察されたといえよう。身体面は過去の貧困経験に, 精神面は心理的ストレスにより影響される。一方, 相談相手の

表6-2　主観的不健康要因の分析（全雇用者対象, 限界効果のみ表示）

		身体面	精神面
個人属性	男性ダミー	0.0191	0.0095
	年齢	0.0020	-0.0028
SES要因	貧困経験	0.1125 ***	0.0529 *
	大卒以上	-0.0041	0.0176
	等価所得	0.0001	-0.0001
ソーシャルキャピタル要因	相談相手(いない)	0.1134 **	0.1092 **
	相談相手(1人)	0.0790 **	0.1063 **
	相談相手(2〜4人)	-0.0034	0.0423 *
	既婚ダミー	-0.0071	0.0116
心理的ストレス	仕事不満度	0.0047 ***	0.0123 ***
	明るい将来見通し	-0.0069 ***	-0.0104 ***
	暗い将来見通し	0.0050 *	0.0041
Log likelihood		-524.01	-644.02
N		1608	1608
Pseudo R2		0.0935	0.1208

（注）　1)*, **, *** はそれぞれ10％, 5％, 1％水準で有意であることを示す。
　　　　2）相談相手のベースカテゴリーは「5人以上」である。

数は心身両面に同程度に影響し
ている。

　ところで，健康状態は就業形
態によっても影響されるであろ
うか。たとえば，低学歴・低賃
金で職業上の地位も低い非正規
雇用者は正規雇用者に比べて不
健康になる要素を多く持ってい
るように思われる。しかし，長

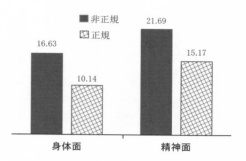

図6-3　就業形態別不健康の割合（％）

時間労働になりがちな正規雇用者も必ずしも健康であるとは言い難く，非正規
雇用者と正規雇用者のどちらがより不健康なのかは先験的にはわからない。

　図6-3 は不健康を感じる割合を正規雇用者と非正規雇用者とで比較したもの
である。これを見ると，不健康を感じる割合は身体面と精神面ともに非正規雇
用者のほうが正規雇用者より高くなっている。

　こうした正規・非正規間健康格差は何によってもたらされているのか。表6-3
は身体面の不健康ダミーを被説明変数とし健康格差要因を分析した結果である。
モデル 1 は年齢，性別をコントロールしてもなお健康格差が残るかを見たもの
である。モデル 2 からモデル 4 までは SES 変数，ソーシャルキャピタル変数，
心理的ストレス変数を順次投入することでどれが健康格差要因となりうるかを
精査している。これを見ると，まず，正規・非正規間の身体面の健康格差は年
齢，性別をコントロールしても残ることがわかる。非正規ダミー変数の係数値
は SES 変数，ソーシャルキャピタル変数，心理的ストレス変数を投入しても依
然として正で有意ではあるが，限界効果は次第に小さくなっている。したがっ
て，正規・非正規間の身体面の健康格差は，SES，ソーシャルキャピタル，心
理的ストレス等の要因によって部分的に説明される。しかし，これらの条件が
同じでも，正規就業と非正規就業の間には，身体面の健康格差が存在するとい
うことが示唆される。

　次に，表6-4 は精神面の不健康ダミーを被説明変数とし健康格差要因を分析

表6-3　主観的不健康（身体面）における正規・非正規格差要因の分析（限界効果のみ表示）

		モデル1	モデル2	モデル3	モデル4
非正規ダミー	非正規ダミー	0.1026 ***	0.0848 ***	0.0681 **	0.0568 **
個人属性	男性ダミー	0.0291 *	0.0285	0.0256	0.0263
	年齢	0.0033 **	0.0034 **	0.0032 **	0.0022
SES要因	貧困経験		0.1395 ***	0.1411 ***	0.1050 ***
	大卒以上		-0.0140	-0.0078	-0.0033
	等価所得		0.0000	0.0000	0.0001 *
ソーシャルキャピタル要因	相談相手（いない）			0.1702 ***	0.1108 **
	相談相手（1人）			0.1239 ***	0.0731 *
	相談相手（2〜4人）			0.0091	-0.0060
	既婚ダミー			-0.0221	0.0032
心理的ストレス	仕事不満度				0.0050 ***
	明るい将来見通し				-0.0065 ***
	暗い将来見通し				0.0041
Log likelihood		-566.7	-555.38	-542.94	-521.03
N		1608	1608	1608	1608
Pseudo R2		0.0197	0.0392	0.0607	0.0986

（注）　1）　*, **, *** はそれぞれ10％，5％，1％水準で有意であることを示す。
　　　　2）　相談相手のベースカテゴリーは「5人以上」である。

表6-4　主観的不健康（精神面）における正規・非正規格差要因の分析（限界効果のみ表示）

		モデル1	モデル2	モデル3
非正規ダミー	非正規ダミー	0.1093 ***	0.0716 **	0.0519 *	0.0434
個人属性	男性ダミー	0.0258	0.0263	0.0182	0.0151
	年齢	0.0000	-0.0002	-0.0011	-0.0027
SES要因	貧困経験		0.0979 ***	0.0980 ***	0.0493
	大卒以上		0.0008	0.0075	0.0180
	等価所得		-0.0002 ***	-0.0002 ***	0.0000
ソーシャルキャピタル要因	相談相手（いない）			0.1919 ***	0.1081 **
	相談相手（1人）			0.1787 ***	0.1013 **
	相談相手（2〜4人）			0.0773 ***	0.0406 *
	既婚ダミー			-0.0196	0.0199
心理的ストレス	仕事不満度				0.0125 ***
	明るい将来見通し				-0.0102 ***
	暗い将来見通し				0.0034
Log likelihood			-714.74	-698.68	-642.66
N			1608	1608	1608
Pseudo R2			0.0242	0.0462	0.1226

（注）　1）　*, **, *** はそれぞれ10％，5％，1％水準で有意であることを示す。
　　　　2）　相談相手のベースカテゴリーは「5人以上」である。

した結果である。非正規ダミーはここでも依然として正で有意な値を示しているものの、限界効果は次第に小さくなっており、正規・非正規間の精神面の健康格差は SES、ソーシャルキャピタル、心理的ストレス等要因によって部分的に説明されるものの、これらを除いても正規・非正規格差はなお残ることが示唆された。

　心理的ストレス変数を加えた場合の貧困経験ダミー変数と相談相手ダミー変数の限界効果の変化に注目しよう。貧困経験ダミー変数は心理的ストレス変数を加えた場合に限界効果が低下し、かつ推定値の統計的有意性が見られなくなる。相談相手ダミー変数は心理的ストレス変数を加えた場合に有意であることに変わりはないが、限界効果はほぼ半減する。過去の貧困経験や相談相手の欠乏が心理的ストレスを通じて精神面での健康を損ねる可能性を示唆するものである。

　本節の結論は以下のとおりである。第 1 に、現役世代の健康状態は SES やソーシャルキャピタル、心理的ストレスなど社会経済要因に影響される。過去に貧困経験があったり、相談相手が少なかったり、将来への見通しが悲観的であったりすると心身両面で不健康を感じやすい。第 2 に、現役世代は就業形態によって健康格差が存在する。非正規雇用者は正規雇用者に比べて他の条件が同じであっても、不健康を感じる確率が高い。正規・非正規間の健康格差は、部分的には SES、ソーシャルキャピタル、心理的ストレスで説明できる。しかし、これらの要因を除いても正規と非正規の間には健康格差がなお存在している。ちなみに、貧困経験者と何かあった時に助けを求める相手があまりない人は、心理的ストレスを抱えることが多く、翻って、心理的ストレスは健康悪化につながる可能性もありうる。なお、健康状態がよくない人は収入が低くなりがちで、人とのつながりも弱くなるなど逆の因果関係も考えられるので、これについては更なる検証が必要であろう。

おわりに

　今日，生活習慣病の罹患率の上昇や医療費の急増等を背景に健康増進，健康改善に注目が集まっている。なかでも現役で働いている者における健康問題の重要性は高まっている。厚生労働省をはじめとする行政も職場での自殺・うつ病の増加等を背景に働く人のメンタルヘルス対策に乗り出し，生活習慣病対策としての特定健診・特定保健指導も 2008 年からはじまった。しかし，低所得層や低学歴層における健診の受診率の低さから期待した効果は得られていない。その主な理由として近藤（2005, 2011）は，健康対策を講じる上で社会経済的要因へのアプローチを欠いたことを指摘している。

　健康格差是正のためにすべての政策において健康への影響を評価しようとする Health in all policies や，それを実現するための具体的なツールとされている健康影響評価（HIA）が提案されているなか，本章で得られた知見はそうした健康対策に有効な示唆を与えるものである。たとえば，貧困削減策や，何かあったときに助けを求められる相談窓口の増設，さらには非正規雇用者の組織化などによってソーシャルキャピタルを増強させる政労使の取り組みなどは，健康対策としても有効であろう。

　健康格差や健康の社会経済的要因に関して，日本でも関心は着実に高まっているが，これに応える研究蓄積はまだ少ないといわざるを得ない。

注

(1) WHO が発表した世界保健統計 2016（World Health Statistics 2016）によると，日本は 2015 年時点で前年同様世界 1 長寿の国で，平均寿命は 83.7 歳（男性 80.5 歳，女性 86.8 歳）であった。2016 年の平均寿命は厚生労働省の簡易生命表から確認できる。同表によると，2016 年時点の日本の平均寿命は，男性は 80.98 歳，女性は 87.14 歳と，男女とも全年齢で前年を上回っている。40 歳までの生存率は男性

が 98.3％，女性が 99％と，死亡確率は極めて低い状態にある。65 歳まで見ても，つまり定年までの生存確率は男性の場合，89.1％，女性の場合，94.3％となっている。

(2) 過労死という用語は 1970 年代後半から使われていたものの，その定義を明確にしたのは 2014 年に制定された「過労死等防止対策推進法」である。同法は「過労死等」を「業務における過重な負荷による脳血管疾患若しくは心臓疾患を原因とする死亡若しくは業務における強い心理的負荷による精神障害を原因とする自殺による死亡又はこれらの脳血管疾患若しくは心臓疾患若しくは精神障害」と定義している。

(3) 労災請求データから見えてくる精神障害の実態は氷山の一角にすぎない。厚生労働省の『患者調査』によると，2014 年時点で精神疾患を患っている患者数は 318 万人に達しているが，そのうちの 208 万人（総患者数の 65％）は 15 ～ 64 歳層である。

(4) 長時間労働と過労死との関係を分析した研究のレビューについては岩崎（2008）と黒田（2017）を参照されたい。

(5) 若年死亡率への貢献度は，健康行動・ライフスタイルが 50％，環境曝露が 20％＋医療資源へのアクセス制限が 10％であるという。

(6) 二種類の寿命転換とは，感染症・寄生虫・栄養不足・妊娠や出産の合併症などに起因する死亡率の低下（第 1 の転換）と，心臓病・脳血管疾患，がん，肝臓・腎臓・呼吸器の慢性疾患などに起因する死亡率の低下（第 2 の転換）のことである。先進諸国における 20 世紀の寿命伸長に貢献したと見られる二種類の寿命転換は多くの国ではそのとき期が前後に明確に区別できるのに対し，日本では第 1 の転換が比較的遅れたことで 1950 年代および 1960 年代に両方の転換が並列して進行した。堀内ではこのような寿命転換の重複が 20 世紀の第三四半期における日本人の寿命進展を速めたと指摘している。

参考文献

岩崎健二（2008）「長時間労働と健康問題——研究の到達点と今後の課題」『日本労働研究雑誌』No.575, pp.39-48。

尾島俊之・近藤克則（2011）「健康の社会的決定要因『ライフコース疫学』」『日本公

衛誌』。

黒田祥子（2017）「長時間労働と健康，労働生産性との関係」『日本労働研究雑誌』
　　No.679, pp.18-28。

厚生労働省『過労死等防止対策白書（平成 29 年版）』。

近藤克則（2005）『健康格差社会――何が心と健康を蝕むのか』医学書院。

近藤克則（2011）「健康の社会的決定要因〈15〉：最終回 WHO の健康格差対策」『日本
　　公衛誌』Vol.58(7), pp.550-554。

近藤克則編（2007）『検証「健康格差社会」――介護予防に向けた社会疫学的大規模調
　　査』医学書院。

鈴木亘（2011）「肥満と長時間労働」『学習院大学経済論集』Vol.48(3), pp.193-211.

内閣府『自殺対策白書（平成 29 年版）』。

馬場康彦・近藤勝則（2005）「女性の労働と主観的健康感――就業形態・状況別分析」
　　『季刊家計経済研究』No.65, pp.51-59。

堀内四郎（2010）「日本人の寿命伸長：要因と展望」『人口問題研究』Vol.66(3), pp.40-
　　49。

山本勲（2011）「非正規労働者の希望と現実――不本意型非正規雇用の実態」『RIETI
　　ディスカッション・ペーパー』No.11-J-052。

李青雅（2012）「母親の就業と子どもの肥満」樋口美雄・宮内環・C.R. McKenzie 編
　　『親子関係と家計行動のダイナミズム』慶應義塾大学出版社。

李青雅（2014）「非正規雇用と健康」『壮年非正規労働者の仕事と生活に関する研究』
　　（労働政策研究報告書 No.164）労働政策研究・研修機構，http://www.jil.go.jp/
　　institute/reports/2014/documents/0164.pdf

Adler, N. E. and Newman K.（2002）"Socioeconomic Disparities in Health: Pathways and
　　Policies," *Health Affairs*, Vol.21(2), pp.60-76.

Ben-Shlomo, Y. and Kuh, D.（2002）"A Life Course Approach to Chronic Disease
　　Epidemiology: Conceptual Models Empirical Challenges and Interdisciplinary
　　Perspectives," *International Journal of Epidemiology,* Vol.31.

Berkman, L. F. and Syme, S. L.（1979）"Social Networks, Host Resistance, and Mortality:
　　A Nine-Year Follow-up Study of Alameda County Residents," *American Journal of
　　Epidemiol.* Vol.109(2), pp.186-204.

Beydoun, M. A. and Wang, Y.（2010）"Pathways Linking Socioeconomic Status to Obesity

Through Depression and Lifestyle Factors among Young US Adults," *Journal Affect Disorder*, Vol.123 (1-3), pp.52-63.

Brunner, E. (1997) "Socioeconomic Determinants of Health: Stress and the Biology of Inequality?," *British Medical Journal*, Vol.314, pp.1472-1476.

Duncan, G.J., Daly, M.C., McDonough, P. and Williams, D.R. (2002) "Optimal Indicators of Socioeconomic Status for Health Research," *American Journal of Public Health*, Vol.92 (7), pp.1151-1157.

Grossman, M. (1972) "On the Concept of Health Capital and the Demand for Health", *Journal of Political Economy*, Vol.80 (2).

Ishizaki *et al.* (2004) "The Influence of Work Characteristics on Body Mass Index and Waist to Hip Ratio in Japanese Employees," *Industrial Health*, Vol.42.

Lowry, R., Kann, L., Collins, J.L., and Kolbe, L.J. (1996) "The Effect of Socioeconomic Status on Chronic Disease Risk Behaviors among US Adolescents," *Journal of the American Medical Association (JAMA)*, Vol.276 (10).

Macintyre, S. (1997) "The Black Report and beyond What Are the Issues?," *Social Science & Medicine*, Vol.44 (6), pp.723-745.

McLaren, L. (2007) "Socioeconomic Status and Obesity," *Epidemiologic Reviews*, Vol.29 (1), pp.29-48.

Pamuk, E., Makuc, D., Heck, K., Reuben, C., and Lochner, K. (1998) *Health, United States,1998 : With Socioeconomic Status and Health Chartbook*, National Center for Health Statistics.

Ross, C. E., Mirowsky, J., and Goldsteen, K. (1990) "The Impact of the Family on Health: The Decade in Review," *Journal of Marriage and the Family*, Vol.52, pp.533-546.

Smith, G.D., Bartley, M., Blane, D. (1990) "The Black Report on Socioeconomic Inequalities in Health 10years on," *British Medical Journal*, Vol.301, pp.373-377.

Sobal, J., and Stunkard A.J. (1989) "Socioeconomic Status and Obesity: A Review of the Literature," *Psychol Bull*, No.105.

Wilkinson, R.G. (1997) "Socioeconomic Determinants of Health. Health Inequalities: Relative or Absolute Material Standards?," *British Medical Journal*, Vol.314 (7080), pp.591-595.

Williams, K.J., Suls, J., Alliger, G.M., Learner, S.M., and Wan, C.K. (1991) "Multiple

Role Juggling and Daily Mood States in Working Mothers,″ *Journal of Applied Psychology*, Vol.76(5), pp.664-674.

Winkleby, M.A., Jatulis, D.E., Frank, E. and Fortmann, S.P. (1992) ″Socioeconomic Status and Health: How Education, Income, and Occupation Contribute to Risk Factor for Cardiovascular Disease″, *American Journal of Public Health*, Vol.82(6), pp.816-820.

（李 青雅）

第7章　健康格差と地域

はじめに

　健康格差（health inequalities, health disparities）とは，社会経済的要因による集団および地域間の健康状態の差である。社会経済的格差と健康の関連は，現代社会に特有のものではなく，「古くて新しい」問題である。「公衆衛生」（Public Health）の概念が欧州において誕生したとされる18世紀より，貧困や欠乏に起因する疾病や高い死亡率の克服はその主要な課題であり，社会経済的状況がどのように個人の健康ならびに集団間の疾病の分布に影響するのかは，公衆衛生の古典的命題の一つであった（Berkman & Kawachi 2000, Honjo 2004）。20世紀に入ると，疫学転換を経た多くの国では，疾病構造の変化に伴い，絶対的貧困や物質的欠乏による疾病や死亡への影響が低下したものの，社会階層や経済的格差と健康の関連についての関心が高まった。平均寿命の伸長が続き，全体的な健康水準が上昇している現代の先進国における健康格差の顕在化は，格差社会への関心の高まりの中で，それに関する理解（解明）と政策的対応（解決）の双方の取り組みにおいて，新たな課題を生み出している。

　本章では，日本を含む先進国における健康格差について，とくに地域間の格差に着目し，その動向，分析の視角および分析に際する方法論上の課題と発展，そして健康格差の縮小に向けた取り組みの理論的・実証的裏付けについて整理することを目的とする。本章は，以下の4節から構成される。まず次節では，健康格差をめぐる政策的・学術的な動向について概観したうえで，日本における地域別健康水準ならびにその格差の基本的な傾向について説明する。つづく

第2節では，地域・集団間の健康格差を分析するうえで直面する計測および分析上の課題と，それを克服するために導入されるようになった新たな分析手法について解説する。第3節では，近年の健康格差研究の成果に裏付けられた政策的対応について，日本の事例も含めて紹介する。終節では，本章の内容を整理し，その含意を確認するとともに，今後の健康格差研究の課題に関する若干の展望を示す。

第1節　健康格差をめぐる動向

(1) 古くて新しい問題

　1980年にイギリス保健省が発表した「ブラック・レポート」(The Black Report) は，イギリス国内において過去100年間に死亡率の低下が続き，全体としての健康水準は着実に改善している一方で，社会階層間の死亡率の格差が20世紀の後半に拡大していることを指摘した (DHHS 1980)。この「ブラック・レポート」は，現代の先進国において，健康格差が単に公衆衛生上の問題にとどまらず，より広範な公共政策や社会政策の対象として取り組むべき課題であると認識されるさきがけとなった。[1] 1980年代半ばになると，WHO欧州地域委員会が，各国内および加盟国間の健康格差についての削減目標を定める (WHO 1985) など，健康格差とその対策をめぐる国際社会の動きが，とくに欧米を中心に活発化することになる。このように，現代における「健康格差」あるいは「健康の不平等」については，それが「発見」された当初より，常に政策的対応と結び付けて議論され，その概念においても，何らかの対策の必要性を含意する場合が多い（松田・近藤 2007, Mackenbach and Bakker 2002, Looper and Lafortune 2009）。

　一方で，学術的な領域においては，健康格差の計測およびその説明に関して，過去20年〜30年間に著しい発展がみられた。とくに1990年代以降，「健康の社会的決定要因」(social determinants of health) を分析対象とする「社会疫学」

（social epidemiology）と呼ばれる学問領域が確立され，所得水準や学歴・職業といった社会経済的要因が，死亡率から精神疾患の有病率に及ぶ種々の健康指標に与える影響や，そのメカニズムについての研究が蓄積されるようになった（Berkman and Kawachi 2000，Kawachi and Subramanian 2005）。WHO は 1998年に，「Solid Facts」（確固たる事実）と副題を付けた「健康の社会的決定要因」に関する報告書を発表したが，これは，欧米をはじめ各国で蓄積されつつあったこれらの「新しい」疫学研究の成果の一つの到達点を示すものであったとも言える（Wilkinson and Marmot 1998）。とくに社会階層間の健康格差の拡大および固定化が深刻になりつつあったアメリカやイギリスを中心に，大規模データと高度な統計分析手法に依拠した最先端の研究成果により，低所得による物質的な制約や医療へのアクセス制限，喫煙・飲酒を含む生活習慣および危険行動，心理的ストレスといった個人的要因に加えて，人間関係の乏しさやサポート資源の欠如といった社会関係に関する要因が健康格差の背景に存在することが確認されるようになった[2]。伝統的な疫学研究が主たる関心の対象としてきた個人レベルの要因に加えて，社会環境や集団的特性の影響さらには構造的・文脈的要因への視座の拡大が，社会疫学の大きな特徴の一つであると言える（Kawachi and Subramanian 2005，川上 2006，本庄 2007）。

　このように，現代の健康格差をめぐる動向については，政策的にも学術的にも，伝統的な公衆衛生および疫学研究と比較して，次のような特徴を見出すことができる。まず，政策面においては，心理社会的・物質的環境要因に着目し，ミクロ（個人や家族）・マクロ（地域や国）レベルでの何らかの施策による介入可能性と実効性を志向しているという点であり，これは生物学的要因・メカニズムを重視する伝統的な公衆衛生との対比で，「新しい公衆衛生」（New Public Health）アプローチとも呼ばれる（近藤 2005）。そして，学術的には，上述の社会疫学の確立と発展に示されるとおり，観察対象・期間のいずれにおいても情報量が豊富な大規模データを精緻な統計学的手法を用いて分析するという方法論的発展により，「古くて新しい問題」の解明と解決に取り組んでいる点である。

　2008 年に発表された WHO の「健康の社会的決定要因に関する委員会最終報告」（WHO 2008）では，健康状態や医療・保健サービスへのアクセスの社会経済的・地理的格差について継続的なモニタリングの必要性が示され，翌年の WHO 総会では，加盟諸国に健康格差の是正に向けた取り組みの推進が勧告された。欧米諸国に比べて，社会経済的格差が小さいとされてきた日本についても，1990 年代後半以降の格差の拡大を背景に，「健康の社会格差」を指摘する研究が蓄積されるようになった（近藤 2005，福田・今井 2007，小塩 2009）。こうした状況のなか，2012 年に 7 月に公表された厚生労働省の『健康日本 21（第 2 次）』では，「健康増進法」に基づく今後 10 年間の健康政策および関連施策の基本的な方針の一つとして，「健康格差の縮小」に取り組むことが明記された。『健康日本 21（第 2 次）』では，健康格差を「地域や社会経済状況の違いによる集団間の健康状態の差」と定義したうえで，地域格差に焦点を置いた種々の施策や目標が定められた。

（2）健康の地域格差

　近年の日本における地域別健康水準ならびにその格差の特徴の一つとして，都市部の相対的な健康水準の低下が指摘されている（Fukuda *et al.* 2004；福田・今井 2007；中谷 2007, 2011）。その傾向を示す基本的なデータとして，図7-1 では，厚生労働省が 1965 年以降 5 年ごとに公表している「都道府県別生命表」による平均寿命の都道府県別順位の推移を抜粋して示した。地域別の平均寿命は，死亡率という絶対的な健康水準の指標について，人口の年齢構成による違いの影響を受けない全体的な水準を示すものであり[3]，地域間の健康水準の比較のための有用な指標としてのみならず，地域における保健福祉水準の総合的指標として広く用いられている（石井 2003）。ここでは，都市部の代表的な例として東京都・大阪府，その対照として非大都市部の青森県・秋田県の順位の推移を示している。

　東京都についてみると，1975 年までは男性の平均寿命が全国で最長となるなど，1960 年代から 70 年代にかけては男女ともに全国でもトップクラスであっ

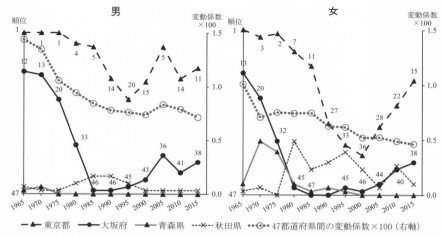

図7-1　都道府県別平均寿命の順位の推移（抜粋）
（資料）厚生労働省「都道府県別生命表」（各年版）.

たが，それ以降，平均寿命の順位は低下を続けた。2000 年代に入ると，男女ともに順位の再上昇がみられるものの，かつて全国の都道府県の間で最高水準を維持した東京都の平均寿命は，2015 年では男性 11 位，女性では 15 位となっている。平均寿命の相対的な水準の低下は，大阪府においてより顕著にみられ，男女ともすでに 1980 年代には全国最低水準の平均寿命となっている。このことから，日本全体の平均寿命の伸長——すなわち平均的な健康水準の上昇——が続くなかで，青森県や秋田県に代表される「非都市型不健康」と，東京や大阪における「都市型不健康」の混在が進んでいることがうかがえる。

　なお，**図7-1** に示した全都道府県の平均寿命の変動係数の推移をみると，男女ともに，1960 年代から 70 年代にかけて大幅に低下しており，この時期に都道府県間の格差が急速に縮小したことが示唆される。とくに 1960 年代は，大都市圏における人口の大幅な転入超過が記録された時期と重なる。人口の国内地域間移動を，「生活水準の地域格差に対する人口分布の均衡化運動」（舘 1961，p.147）であるとすると，こうした高度経済成長期における非大都市圏から大都市圏への大規模な人口移動は，地域間の経済格差を背景とした「健康な場所へ

の移動」（中谷 2011, p.22）として捉えることもでき，その結果，健康の地理的分布が平準化されたと考えることもできる。⁽⁴⁾

　都市部の相対的な健康水準の低下，すなわち「都市型不健康」の顕在化については，都市内部における健康の地理的分布についても着目する必要がある。**図7-2** は，首都圏およびその周辺の関東 1 都 7 県について，市区町村別平均寿命（男性，2015 年）の分布を地図化したものである（島しょ部を除く）。茨城県・栃木県・群馬県といった北関東地域と比較して，東京都とその隣接地域（首都圏 1 都 3 県）で平均寿命が長くなるという基本的な傾向が確認できる。同時に，東京都の区部・横浜市・川崎市においては，一部で平均寿命の短さが目立つ地域が存在し，これらの大都市中心部では健康水準の低い地域と健康水準の

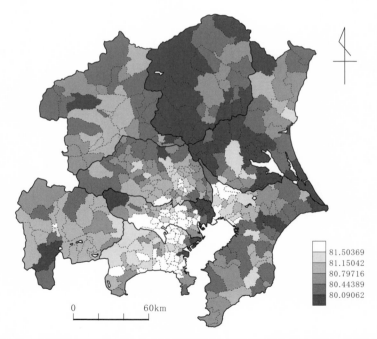

	81.50369
	81.15042
	80.79716
	80.44389
	80.09062

0　　　　　60km

図7-2　関東地方（1都7県）における市区町村別平均寿命の地理的分布（男性，2015 年）

（資料）　厚生労働省「平成 27 年市区町村別生命表」．
　（注）　島しょ部を除く．

高い地域が混在していることがうかがえる。そして，中心部に隣接する郊外地域では，平均寿命が比較的高い地域が外延的に広がり，さらに中心部から離れるにしたがって，平均寿命の短い周辺地域が拡大する傾向がみられる。

　市区町村別平均寿命のように，詳細な地域単位で計測した健康水準指標は，都道府県単位の指標からは観測できない地域間の健康格差を際立たせるとともに，その背景および関連要因についての示唆を与える。中谷（2007）は，大都市圏郊外において，死亡水準の比較的低い「健康な地域」が拡大したのは 1980 年代以降の傾向であるとしたうえで，この時期に大都市圏で進んだ居住地域の社会経済的分化―― とりわけ住宅開発の郊外化を背景とした相対的高所得世帯の郊外への移動 ――との関連を指摘している。こうした人口移動（および残留）の選択性（selectivity）と健康水準との関連の強まりは，社会経済的格差の拡大や階層の固定化を背景に健康格差が顕在化した先進国に共通してみられる現象である（Waitzman and Smith 1998, Shaw *et al.* 2004, Boyle 2004, Norman *et al.* 2005, Exeter *et al.* 2011, Darlington–Pollock 2016）。このように現代の健康格差研究が，「場所・空間」（Place & Space）や「文脈」（Context）と健康の関連を重視するのは，その背景にあるプロセスへの関心を反映している。

第 2 節　健康格差分析の視角と方法

（1）プレストン・カーブとウィルキンソン仮説

　社会経済状況の違いを背景とした地域・集団間の健康状態の差を示す例として，おそらく最もよく知られているのは，**図7-3** に示されるような国別の所得水準と平均寿命の関係を示すグラフであろう。1975 年にアメリカの人口学者 S. プレストン（Samuel H. Preston）によって最初に発表されたこの図は，プレストン・カーブ（Preston Curve）とも呼ばれ，一人当たり GDP に示される経済発展水準と平均寿命の関係を示している（Preston 1975）。具体的には，低所得国と高所得国を比較した場合に，高所得国ほど平均寿命が長いという基本的な傾

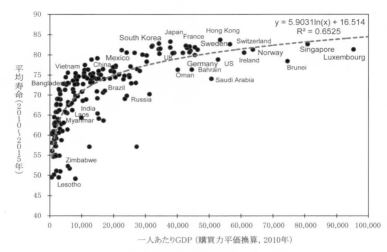

図7-3 国別の所得水準と平均寿命の関係

（資料） 各国の一人あたり GDP は World Bank. World Development Indicators による "GDP per capita, PPP
(constant 2011 international $, Last Updated Date 2017/8/2)", 各国の平均寿命は United Nations
Population Division. World Population Prospects: The 2015 Revision による "Life expectancy at
birth (both sexes combined, 2010-2015)" をそれぞれ用いた.

向は認められるものの，低所得国のグループにおいては所得水準の上昇にとも
なって寿命が急速に延びる一方で，高所得国の間では所得水準と平均寿命の関
連がほとんど消滅し，全体としては対数曲線の当てはまりがよくなる。

　確かに，不衛生な生活環境や低栄養が人々の健康を阻害するような状況では，
それに起因する感染症などにより死亡率が高くなる。そのことは，疫学転換理
論によっても提唱されているとおりである。[5]近代化の過程においては，このよ
うな貧困状態から何とか抜け出したような状態——すなわち人々が必要最低限
の栄養と衛生的な住環境を確保できる状態——になると，乳幼児死亡率の劇的
な改善などを通じて，平均寿命が延びてきたのである。さて，それでは，低い
社会経済水準によって人々が健康を損なうという問題は，今なお貧困に苦しむ
国々や地域に特有の現象なのであろうか。生活習慣病をはじめとした慢性疾患
が人々の疾病の大部分を占めるようになった先進国では，貧困や欠乏に起因す
る健康格差を，物質的な「豊かさ」によって克服したと言えるのであろうか。

プレストン・カーブによって示される所得効果の「逓減性」は，疫学転換後の健康格差，すなわち「豊かな」社会に住む人々の健康水準を規定する要因に関する新たな問いを提起するものでもあったとも言える。

　先進国間の平均寿命の差に関する社会経済的規定要因については，1990年代に入り，イギリスの社会疫学者 R. ウィルキンソン（Richard Wilkinson）が，各国における国内所得分布の平等さと平均寿命との相関関係の存在を提示した（Wilkinson 1992）。この所得分布が不平等な集団ほど平均寿命（の延び）が短くなるという「ウィルキンソン仮説（Wilkinson Hypothesis）」については，Kennedy *et al.*（1996）がアメリカの州別所得分布状況と全死因年齢調整死亡率に有意な相関を確認するなど，その妥当性が広く支持されるようになった。しかし一方では，1980年代以降に国内の経済格差が拡大し，社会階層間の健康格差が顕在化したアメリカやイギリスといった国々おいて，「所得の再分配政策が国民の健康に好ましい影響を与える」というウィルキンソン仮説の強い政策的インプリケーションをめぐって論争が巻き起こることにもなった（Wilkinson and Marmot 1998，Kawachi and Kennedy 2002，近藤 2005）。

　国や地域を単位としたマクロレベルでの観察に基づくウィルキンソン仮説は，個人の絶対的な所得水準や物質的な欠乏状態よりも，集団・地域における所得分布やその中での個人の相対的な豊かさが，人々の行動や意識に影響を与え，健康状態の差に反映されるというメカニズムを含意している。ウィルキンソン仮説が「相対所得仮説」（Relative Income Hypothesis）とも呼ばれるのはこのためである。その媒介要因としては，過度な集団内競争や自他比較による社会心理的ストレスへの曝露，そして社会的凝集性や紐帯の毀損による社会関係の悪化などが指摘されている（Kawachi *et al.* 1997，Berkman and Glass 2000，De Silva *et al.* 2005）。

（2）構成効果と文脈効果

　「所得格差が広がれば，人々の健康水準は低下する」とするウィルキンソン仮説については，その分析手法をめぐって，しばしば否定的な評価がされてきた

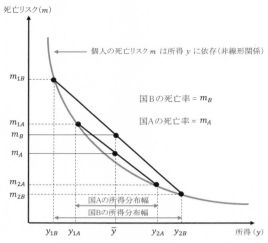

死亡リスク(m)

個人の死亡リスク m は所得 y に依存(非線形関係)

m_{1B}

国Bの死亡率 = m_B

国Aの死亡率 = m_A

m_{1A}
m_B
m_A

m_{2A}
m_{2B}

国Aの所得分布幅
国Bの所得分布幅

y_{1B} y_{1A} $\overline{y}$ y_{2A} y_{2B} 所得(y)

図7-4　所得分布と死亡率の関連についてのモデル図
（資料）　Gravelle（1998, Fig.1）をもとに作成.

（Lynch *et al.* 2004）。前述のとおり，「格差」と「健康」の関連の検証に際して
は，地域・集団レベルの集計値を用いた地域相関分析が用いられることが多い。
エコロジカル分析（生態学的分析）とも言われるこの古典的な手法は，個人の
属性に起因する効果と，集団の特性あるいは地域の社会経済的環境による効果
を峻別できていないという方法論的課題を抱えている。**図7-4** はその例を簡潔
に示したものである。

　図7-4 の横軸には，ここで比較する国 A と国 B の人々の所得水準の分布幅を
示している。両国ともに平均所得は $\overline{y}$ で同じだが，所得分布の幅は国 A よりも
国 B のほうが広くなっており，国 B のほうが分布幅でみた所得格差は大きいと
する。そして，前述のプレストン・カーブに従って，所得水準と死亡率の非線
形関係を仮定する。このとき，国 A と国 B について，それぞれの国に住む人の
全体的な死亡水準（すなわち平均死亡リスク）を比較すると，所得分布幅（格
差）の大きい国 B では，高所得層によって引き下げられる死亡率（$m_{2A} \rightarrow m_{2B}$）
よりも低所得者層によって引き上げられる死亡率（$m_{1A} \rightarrow m_{1B}$）のほうが大き
くなる。その結果，相対的に所得格差の小さい国 A に住む人々の平均的な死亡

リスク（m_A）よりも，相対的に所得格差の大きい国 B に住む人々の平均的な死亡リスク（m_B）のほうが高い水準になる。

　この結果は，所得水準と死亡率の関係の非線形性と，それぞれの国に住む人々の所得水準（の分布）という「属性の違い」の組み合わせによるものであり，「格差が人々の健康を阻害する」というウィルキンソン仮説や相対所得仮説を援用しなくとも説明することが可能である。統計分析においては，前者（「属性の違い」による効果）は構成効果（Compositional Effect），後者（「格差」そのものによる効果）は文脈効果（Contextual Effect）に分類されるものであり，地域レベルの集計値のみを用いた地域相関分析においては，これらの効果が混合されることに注意が必要となる（Subramanian 2004）。

　たとえば，「健康水準の低い地域（国）」について統計学的に説明する際には，構成効果による説明と文脈効果による二通りの説明が可能である。構成効果とは，「所得水準が低いので不健康である」そして「所得水準の低い人口が多いので結果として地域全体の健康水準が低い」ということを示す場合のように，地域に住む人の社会経済的属性を含む人口構成による説明をする場合に言及される効果である。一方，「所得水準が低い地域では居住環境が悪かったり，地域の医療水準が低かったりする」ので「結果として地域の人々の健康水準が低くなる」というような地域・環境要因に着目する際には，文脈効果による説明をしていることになる。ウィルキンソン仮説や相対所得仮説のように，地域・集団レベルの特性や環境要因が人々の健康に与える効果を検証する際には，構成効果と文脈効果を峻別する必要がある。このような分析を目的とした近年の健康格差研究において強力なツールとなっていのが，次に説明するマルチレベル分析である。

（3）マルチレベル分析について

　個人を分析の単位とする実証分析において「文脈効果」を推定する際には，通常，個人レベルで計測したデータ（ミクロデータ）に，それぞれの集団・地域の特性を示すデータ（コンテクストデータ）をマッチングさせた階層構造を

もつデータセットが用いられることが多い。こうした階層構造をもつデータにおいては，必然的に，個人はそれぞれが所属する集合によってグループ化される。ここで注意が必要なのは，分析の対象となる事象に関して，各グループ内における個人間で一定の傾向が共有されている場合，通常の回帰分析において採用される最小二乗法が仮定する変動項の独立性が満たされない可能性が高いという問題である。すなわち，一般的にコンテクスト要因と言われる集団・地域等の特性に起因する要因の効果は，その集合に属するすべての個人に対して共通に及び，結果として標準誤差が過小推定され，モデルに投入されたコンテクスト要因の効果の統計的有意性の過誤に関する問題を生起させる。一方で，地域・集団ごとに回帰式を推定し，特定のパラメータや統計的有意性を比較するような層別分析では，サンプル全体の情報・傾向や地域・集団間に共通の要因を見失うことになる。

　こうした理論的・計測的に階層構造をもつデータの分析において，コンテクスト要因が個人レベルの従属変数に与える効果を精緻に推定するための手法の一つがマルチレベル分析である[6]。ミクロ－マクロという異なる水準の効果を同時にモデル化する手法は，階層モデル（Hierarchical Model）あるいは混合効果モデル（Mixed Effects Model）と呼ばれる場合もあるが，変動項を個人レベルだけでなく，地域レベルにおいても仮定するのが共通の特徴である（Rabe-Hesketh and Skrondal 2008, Luke 2004）

　共変量を含んだ一般的なマルチレベル・モデルは，以下のように定式化される。

$$\text{レベル 1（個人）：} \quad Y_{ij} = \beta_{0j} + \beta_{1j} X_{ij} + r_{ij}$$
$$\text{レベル 2（地域）：} \quad \beta_{0j} = \gamma_{00} + \gamma_{01} Z_j + u_{0j}$$
$$\beta_{1j} = \gamma_{10} + \gamma_{11} Z_j + u_{1j}$$

　例として，レベル 1 式の Y_{ij} は，地域 j における個人 i の健康状態を示し，X_{ij} は性別や年齢，社会経済的属性といった個人 ij の属性を示すとする。マルチレベル・モデルにおいては，従属変数に関する誤差項が，個人レベルの r_{ij} と地域レベルの u_{0j} および u_{1j} に分解され，下位レベルすなわち個人レベルの切片 β_{0j} や

傾き β_{1j} が，上位レベルすなわち地域や集団に固有の特性 Z_j の関数として推定される。マルチレベル・モデルが混合効果モデル（Mixed Effects Model）とも呼ばれるのは，このように，異なるレベルの固定効果とランダム効果を同時に推定するからである。

　加えて，マルチレベル分析では，分析の対象となる事象に関するグループ間のばらつきの度合いを把握したり，その分散の要因を識別することが可能になる。具体的には，所属するグループの違いによって説明される分散の割合を級内相関係数（Interclass Correlation Coefficient：ICC）といい，この指標は，それぞれのグループがもつ固有の傾向の度合いを示す指標として用いられる。個人レベルと地域レベルの誤差項の分散をそれぞれ σ_r^2, $\sigma_{u_0}^2$ とすると，ICC は以下の式によって求められる。

$$\mathrm{ICC} = \frac{\sigma_{u_0}^2}{\sigma_{u_0}^2 + \sigma_r^2}$$

　この ICC の値が高い場合，「標本間の独立性」に関する仮定が満たされていないことを意味し，マルチレベル・モデリングの必要性が示唆される。階層構造をもつデータにおいて，グループ内のデータが相関をもつ背景には様々な要因が考えられるが，むしろグループ内の相関がないと仮定することは，それ自体がかなり強い仮定を設定していることになるとも言える。

　マルチレベル分析を用いた健康格差の研究は，アメリカのデータを用いた研究を中心に 2000 年代に増加した（橋本 2006）。こうした研究で報告されるようになった「地域・集団内の格差が個人の健康状態に対して有意な文脈効果をもつ」という分析結果の重要な含意は，所得格差が，低所得層だけではなく高所得層にたいしても――すなわち個人の所得水準とは独立に―― 健康を損なう効果を及ぼすということである。欧米で実施された 9 本のコホート研究の結果をまとめた Kondo *et al.*（2009）は，地域のジニ係数が 0.05 ポイント増加すると，個人の所得水準を調整しても住民の死亡リスクが 8% 上昇することを報告している。日本のデータを用いた研究としては，Shibuya *et al.*（2002）が，厚生労働省「国民生活基礎調査」の個票データを用いて，都道府県内の所得格差と個

人の健康（主観的健康度）に有意な関連はないものの，都道府県レベルの所得
水準が個人の健康に対してコンテクスト効果をもつとするマルチレベル分析の
結果をいち早く報告している。

第3節　健康格差の縮小に向けて

(1) ポピュレーション・アプローチ

　第1節で述べたとおり，2012年に7月に公表された厚生労働省の『健康日本
21（第2次)』では，その基本的な方針の一つとして，「健康格差の縮小」が含
まれた。そして，「健康を支え，守るための社会環境の整備」を促進するため
に，「ソーシャル・キャピタルの向上」に取り組む事も明記された（**図7-5**)。

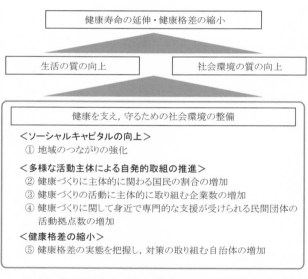

図7-5　「健康日本21（第2次)」における目標設定の概念図

（資料）　厚生科学審議会地域保健健康増進栄養部会・次期国民健康づくり運動プラン策定専門委員会
『健康日本21（第2次)の推進に関する参考資料』，p.84「〈健康を支え，守るための社会環
境の整備〉の目標設定の考え方」をもとに作成.

　ソーシャル・キャピタルとは,「人々の協調行動を促すことにより社会の効率
性を高める働きをする信頼・規範・ネットワークといった社会組織の特徴」
(Putnam 1993, p.167) とも定義されるが, 人的ネットワークおよび社会関係を
通じて利用できる資源の総称であり, 日本語では「社会関係資本」と訳される
こともある。生活習慣の改善や早期検診の奨励など個人の属性や行動といった
ミクロ的要因に加えて, こうした地域環境や集団特性へのアプローチを通じて
集団的な健康リスクを下げようとする公衆衛生的な取り組みをポピュレーショ
ン・アプローチという。

　これに対して, 疾患の発症等の特定の健康リスクを有する個人を対象にする
アプローチをハイリスク・アプローチという。ハイリスク・アプローチは, と
くに高齢者を対象とした介護予防を含む健康施策において, スクリーニングの
コストや効率性の観点からその有効性が疑問視されており, 限られた財源やリ
ソース配置の制約を考慮した場合, 特定の個人ではなく潜在的なリスクを抱え
た住民をも対象にするポピュレーション・アプローチへの期待が高まっている[7]
(平井・近藤 2010)。『健康日本 21 (第 2 次)』の基本的な方向として強く志向
されることになったポピュレーション・アプローチは, 多分野にわたる地域社
会の資源の活用やコミュニティの機能の強化を通じて住民の健康を促進するこ
とを目指すという特徴をもっている。

(2) ソーシャル・キャピタルと健康

　家族や友人, 近隣関係などを通じた人的ネットワークによって形成される社
会関係が個人の健康状態に与える影響については, すでに 1970 年代より, アメ
リカ国内で実施された大規模なコホート研究を中心とする成果によって報告さ
れていた。たとえば, その古典的研究の一つともいえる Berkman and Syme
(1979) は, 米カリフォルニア州アラメダ郡において実施したコホート研究によ
り, 個人が保持するネットワークの量と死亡リスクの間に一定の関係が存在す
ることを明らかにした。「アラメダ研究」とも呼ばれるこの有名な研究プロジェ
クトの成果は, 従来, 遺伝子や生活習慣および行動といった個人的要因によっ

て規定されるとされてきた健康に関する分析に，社会関係・環境要因についての視座を導入するという点において画期的な成果であり，現代に至る健康格差研究の方向性に大きな影響を与えることになった。[8] 近年の研究では，死亡リスクという絶対的な健康指標に加えて，感染症の発症率や抑うつ等の精神障害の頻度についても，個人が保持するネットワークの量および質の低さ——すなわち社会的孤立 ——が有意な影響を与えることも確認されている（Berkman and Glass 2000）。

日本においても，2000 年代に入ると近藤（2005）をはじめとして，国内における健康格差の存在を指摘したうえで，その「経路」および「要因」としての社会参加やサポートネットワークの関連を示唆する分析結果が発表されるようになった。たとえば，愛知県内の複数の市町に居住する高齢者を対象とする調査結果を分析した吉川（2007）は，町内会や老人クラブといった組織への参加やボランティア活動に示される社会参加と，主観的健康感やうつ状態といった健康指標との関連を観察している。同様に，斉藤（2007）は，悩みごとの相談や世話的支援といった種々のソーシャル・サポートの授受と，これら健康指標との有意な関係を指摘している。また，介護保険制度のもとで各自治体（保険者）が把握する要介護認定データと独自の調査票から得られた情報を突合した大規模なコホートデータを用いて，高齢者における社会関係と要介護状態への移行リスクの関連を明らかにする研究も報告されている（吉井ほか 2005，平井ほか 2009，Kanamori *et al.* 2012）。

これらの研究は，ネットワークの質や量を，あくまでも個人の属性（あるいは資産）として計測し，種々の健康指標との関連を分析したものである。近年では，こうした社会関係を地域環境要因あるいは集団特性としてのソーシャル・キャピタルとして捉え，個人の健康に与える効果およびそのメカニズムを検証する試みが蓄積されている。その先駆的研究である Kawachi and Berkman（2000）は，地域・集団レベルのソーシャル・キャピタルが，人々の健康に影響を与える経路について，以下のような仮説を提示している：

① 情報・規範の伝搬（social influences）

② 非公式な社会的統制（informal social control）

③ 集団行動の効力性（collective efficacy）

④ ストレスの低減（stress buffer）

　このうち社会的凝集性や紐帯の毀損による社会関係の悪化や社会心理的スト
レスと健康の関連については，前節で紹介したとおり，集団・地域内の社会経
済的格差によって健康が阻害されるとする相対所得仮説においても，その媒介
効果として組み込まれ，今日に至る健康格差研究の中心命題の一つとなってき
た。そして，こうした地域環境要因・集団特性が個人に与える影響に関する検
証の蓄積に方法論的に貢献してきたのが，健康格差研究におけるマルチレベル
分析の導入である。マルチレベル・モデリングを用いることにより，個人の属
性（意識や行動を含む）の効果から独立した地域・集団レベルのソーシャル・
キャピタルによる健康保護効果を評価することが可能になっている。

（3）地域特性としてのソーシャル・キャピタルの健康保護効果とその不均質性

　調査票を用いた社会調査においては，一般的に，住民の間の交流頻度，信頼
感，助け合いの規範・意識などを対象者にたずねたうえで，その回答内容を地
域ごとに平均値や割合として集計することによって地域レベルのソーシャル・
キャピタルを計測することが多い（Harpham 2008）。地域環境要因・集団特性
としてのソーシャル・キャピタルの健康保護効果をめぐっては，「地域」の定義
や計測方法によって分析結果が異なるという「可変地域単位問題」（Modifiable
Areal Unit Problem：MAUP）が指摘される一方で，いわゆる「近隣効果」
（neighborhood effect）を検証するために，より小地域単位で計測されたデータ
をマルチレベル・モデルで分析するアプローチへの関心が高まっている。日本
国内で実施された研究としては，たとえば，Ichida *et al.*（2009）が，愛知県内
の 25 地区から抽出された 15,225 人の高齢者に関するデータを分析し，上述の
地域の信頼性に関する指標を用いて計測された地域要因としてのソーシャル・
キャピタルが，個人レベルの要因を考慮した場合でも，地域在住高齢者の良好
な健康と関連することを示している。さらに，Aida *et al.*（2013）では，Ichida

et al.（2009）において分析の対象となった高齢者を，その後4年間追跡したコホートデータを用いたマルチレベル分析によって，ソーシャル・キャピタルが弱い地域に住む女性では，強い地域に住む女性と比べ要介護状態になるリスクが68％高いことを報告している。

　ソーシャル・キャピタルの機能については，一方で，「部外者に対する排他性」や「構成員に対する過度な結束圧力」など，負の側面も指摘されている点には注意が必要である（Portes 1998）。ソーシャル・キャピタルの影響については，これまで学術的にも政策的にも，そのポジティブな側面への関心や期待が強調される傾向にあると言えるが，近年では，とくにソーシャル・キャピタルが内包する「不寛容性」と，「副作用」ともいうべき影響についての関心も高まっている。たとえば，阿部（2014）は，地元住民によるソーシャル・キャピタルが強固な地域ほど移住者にとっては住みづらい地域になるという仮説に依拠し，ソーシャル・キャピタルが強固とされる地方都市の住民に関する調査データを用いて，転入者において社会的孤立のリスクが高くなるという分析結果を示している。また，文脈効果の不均質性に着目した中川（2015）では，地域特性指標としてのソーシャル・キャピタルによる健康保護効果が，地域での居住年数が異なる住民の間で有意に異なることを確認している。一方，Takagi *et al.*（2013）では，社会経済的属性が近隣住民の平均的な水準から乖離している高齢者においてうつ傾向が高いものの，地域レベルのソーシャル・キャピタルによる緩和効果は，このような「社会的距離」をもつ住民に関して大きくなることが示されている。

　これらの知見は，地域環境・集団特性としてのソーシャル・キャピタルが，その住民や構成員に等しく影響を及ぼすものではなく，個人レベルの属性や意識さらには行動の違いによって，異なる効果をもたらすことを示している。冒頭で述べたとおり，地域におけるソーシャル・キャピタルの活用とその向上については，『健康日本21〈第2次〉』においても，そのポピュレーション戦略の中心に位置づけられているが，近年の研究成果はその効果の不均質性や非対称性を慎重に考慮する必要があることを示唆している。

おわりに

　社会経済的状況と人々の健康との関連は「古くて新しい課題」である。平均寿命の伸長と社会経済的格差の拡大や階層の固定化が同時並行的に進行している現代の先進国における健康格差への関心はとりわけ高く，その解明と解決に向けた取り組みが急速に進んでいる。すなわち，学術的な取り組みにおいては，大規模で豊富な情報をもつデータを用いて，ミクロ（個人）からマクロ（地域・集団）にいたる異なるレベルの要因の効果を同時にモデル化するアプローチが導入され，地域環境や集団特性による「文脈効果」の検証が蓄積されている。そして，こうした精緻な分析に基づいた種々の研究成果を活用して，人的ネットワークや社会関係を含む社会環境の整備や改善を通じた健康格差への対策が，各国で進められつつある。

　このように現代の健康格差研究は，人々の健康について，生物学的要因やメカニズムによる説明にとどまらず，個人および集団の社会経済的状況や地域・コミュニティのありようも含めた社会環境要因による影響を明らかにしつつある。これは同時に，社会に対する何らかの介入によって健康格差が縮小できる可能性を示唆するものである。本章で述べたとおり，現在の日本における健康関連施策の基本的な方針を定めた「健康日本 21（第 2 次）」は，地域社会の資源活用やコミュニティ機能の強化を通じて住民の健康を促進し，住民全体の健康リスクを下げようとするポピュレーション・アプローチを重視したものになっている。こうした取り組みは，健康格差対策における世界的な潮流や，近年の新たな研究成果による知見とも整合的であると言える。しかしながら，残された課題も多く，例えば本章で紹介したソーシャル・キャピタルによる健康保護効果について見ると，ソーシャル・キャピタルそのものの定義や計測方法が確立しているとは言い難く，多面性をはじめとするその機能の十分な検証も乏しい。

　日本学術会議が 2011 年に発表した『わが国の健康の社会格差の現状理解とその改善に向けて』と題する提言では，日本における社会格差問題に関する課題の一つとして「健康の社会格差に関する研究の不足」が指摘され，「（その研究領域の広さに比べて）その数はまだ少なくなく，その質も十分に高いとは言えない」としたうえで，とりわけ学際的な視点からの研究をいっそう推進する必要性が述べられている（日本学術会議 2011）。健康格差研究は，その政策的含意の多面性に加えて，社会的格差を対象とする他の研究領域と同様に，「格差」や「不平等」をめぐる規範や価値判断を内在している。こうした社会的性格をもつ健康格差研究には，様々な主張や批判に耐えうる科学的正当性――すなわち計測や解釈に関する方法論的妥当性や分析結果の頑健性――が，とくに強く求められていると言えるであろう。

　現在，日本は世界有数の長寿国であり，今後も世界でトップレベルの健康水準を維持することが期待される。日本国内においては，人口減少と高齢化が地域間格差を伴いながら進展するなかで，「地域包括ケアシステム」の構築が進められるなど，より小さな地域の特性に対応した課題抽出・リソース評価・対策整備が急がれている。学術的にも政策的にも，こうした日本の経験が，国際的な健康格差研究のさらなる進展に果たす役割は少なくないであろう。

注

(1) ただし，この「ブラック・レポート」に関しては，当時のイギリス政府による政策的関心の喚起や対応の要請という点において，必ずしも効果的に受け入れられたわけではないというのが一般的な評価となっている（WHO 2008，武川 1983，松田・近藤 2007）。

(2) Kawachi and Subramanian（2005）は，このような社会疫学研究の特徴として，社会科学分野における諸理論および分析手法の援用による学際性，とくに「健康の人口学」（Health Demography）および「健康の地理学」（Health Geography）との近接性を指摘している。

(3) 死亡水準に関する各種の指標については，第 2 章を参照。

(4) 一方，近年の研究では，地域別所得水準による死亡率や平均寿命の格差が 1995
　　 年代以降拡大傾向にあることも報告されている（Fukuda *et al.* 2007，福田・今井
　　 2007）。

(5) 疫学転換理論の詳細については，本書第 1 章ならびに金子（2010）などを参照。

(6) マルチレベル分析の基本的な考え方や手法については，Courgeau（2003）および
　　 Subramanian（2004）がわかりやすく解説している。

(7) とりわけ介護予防や生活習慣病については，感染症や一部の癌などと異なり，ハ
　　 イリスク・アプローチが効きにくいことが指摘されている（近藤 2007）。

(8) 社会関係やネットワークの豊かさと死亡率の有意な関連を報告した初期の研究と
　　 しては，その他に，House *et al.*（1982）によるミシガン州ティカムサ郡での調査
　　 研究や，Schoenbach *et al.*（1986）によるジョージア州エバンス郡における調査研
　　 究が有名である。

参考文献

阿部彩（2014）「包摂社会の中の社会的孤立——他県からの移住者に注目して——」『社
　　会科学研究』65(1), pp.13-19.

石井太（2003）「都道府県別生命表とは」『厚生の指標』50(5), pp.2-7.

小塩隆士（2009）「所得格差と健康：日本における実証研究の展望と課題」『医療経済
　　研究』21(2), pp.87-97.

金子隆一（2010）「長寿革命のもたらす社会——その歴史的展開と課題——」『人口問題
　　研究』66(3), pp.11-31.

川上憲人（2006）「社会疫学——その起こりと展望——」川上憲人・小林廉毅・橋本英
　　樹編『社会格差と健康：社会疫学からのアプローチ』東京大学出版会，pp.1-21.

近藤克則（2005）『健康格差社会——何が心と健康を蝕むのか——』医学書院.

近藤克則（2007）「ハイリスク戦略の限界とそれに代わるもの」『保健師ジャーナル』
　　63(9), pp.830-835.

近藤克則・平井寛（2010）「住民ボランティア運営型地域サロンによる介護予防事業
　　のプロジェクト評価」『季刊・社会保障研究』46(3), pp.249-263.

斎藤嘉孝（2007）「社会的サポート」近藤克則編『検証「健康格差社会」——介護予防

に向けた社会疫学的大規模調査』医学書院, pp.91-97.

武川正吾（1983）「健康の不平等：『ブラック報告』について」『海外社会保障情報』62, pp.40-49.

舘稔（1961）『日本の人口移動』古今書院.

中川雅貴（2015）「地域レベルのソーシャル・キャピタルによる健康保護効果の不均質性について：個人の地域居住年数による差異を考慮したマルチレベル分析」厚生労働科学研究費補助金（長寿科学総合研究事業）『介護予防を推進する地域づくりを戦略的に進めるための研究（研究代表者：近藤克則)』平成 26 年度総括・分担研究報告書, pp.380-388.

中谷友樹（2007）「地理空間の中の格差と健康：東京大都市圏の所得と健康の地理的格差を通して」『保健医療社会学論集』18(2), pp.36-48.

中谷友樹（2011）「死亡・疾病」石川義孝・井上孝・田原裕子編『地域と人口からみる』古今書院, pp.20-28.

日本学術会議基礎医学委員会・健康・生活科学委員会合同パブリックヘルス科学分科会（2011）『わが国の健康の社会格差の現状理解とその改善に向けて』日本学術会議, http://www.scj.go.jp/ja/info/kohyo/pdf/kohyo-21-t133-7.pdf（最終アクセス日 2017 年 9 月 25 日).

橋本英樹（2006）「所得分布と健康」川上憲人・小林廉毅・橋本英樹編著『社会格差と健康：社会疫学からのアプローチ』東京大学出版会, pp.37-60.

平井寛・近藤克則・尾島俊之・村田千代栄（2009）「地域在住高齢者の要介護認定のリスク要因の検討：AGES プロジェクト 3 年間の追跡研究」『日本公衆衛生雑誌』56(8), pp.501-512.

福田吉治・今井博久（2007）「日本における『健康格差研究』の現状」『保健医療科学』56(2), pp.56-62.

本庄かおり（2007）「社会疫学の発展」『保健医療科学』56(2), pp.99-105.

松田亮三・近藤克則（2007）「健康格差と社会政策：政策内容と政策過程」『保健医療科学』56(2), pp.63-75.

吉井清子・近藤克則・久世淳子・樋口京子（2005）「地域在住高齢者の社会関係の特徴とその後 2 年間の要介護状態発生との関連性」『日本公衆衛生雑誌』52(6), pp.456-467.

吉川郷主（2007）「地域組織への参加」近藤克則編『検証「健康格差社会」：介護予防

に向けた社会疫学的大規模調査』医学書院, pp.83-90

Aida, J., K. Kondo, I. Kawachi, S. V. Subramanian, Y. Ichida, H. Hirai, N. Kondo, K. Osaka, A. Sheiham, G. Tsakos, and R. G. Watt（2013）"Does Social Capital Affect the Incidence of Functional Disability in Older Japanese? A Prospective Population-Based Cohort Study," *Journal of Epidemiology and Community Health*, Vol.67(1), pp.42-47.

Boyle, P.（2004）"Population Geography: Migration and Inequalities in Mortality and Morbidity," *Progress in Human Geography*, Vol.28(6), pp.767-776.

Berkman, L. F. and Glass, T.（2000）"Social Integration, Social Networks, Social Support, and Health," L. F. Berkman and I. Kawachi (eds.), *Social Epidemiology*. New York: Oxford University Press, pp.137-73.

Berkman, L. F. and I. Kawachi（2000）"A Historical Framework for Social Epidemiology," L. F. Berkman and I. Kawachi (eds.), *Social Epidemiology*. New York: Oxford University Press, pp.3-12.

Berkman, L. F. and Syme, S. L.（1979）"Social Networks, Host Resistance, and Mortality: A Nine-Year Follow-Up Study of Alameda County Residents," *American Journal of Epidemiology*, Vol.109(2), pp.186-204.

Courgeau, D.（2003）"From the Macro-Micro Opposition to Multilevel Analysis in Demography," Courgeau, D. (ed.), *Methodology and Epistemology of Multilevel Analysis: Approached from Different Social Sciences*. Dordrecht: Kluwer Academic Publishers, pp.43-91.

Darlington-Pollock, F., Norman, P., Lee, A.C., Grey, C., Mehta, S. and Exeter, D. J.（2016）"To Move or Not to Move? Exploring the Relationship between Residential Mobility, Risk of Cardiovascular Disease and Ethnicity in New Zealand," *Social Science & Medicine*, Vol.165, pp.128-140.

Department of Health and Human Services(DHHS)（1980)*Inequalities in Health: Report of A Research Working Group*. London: DHHS.

De Silva, M.J., K. McKenzie, T. Harpham, S. Huttly（2005）"Social Capital and Mental Illness: A Systematic Review," *Journal of Epidemiology and Community Health*, Vol.59(8), pp.619-627.

Exeter, D.J., Boyle, P., and Norman, P.（2011）"Deprivation (Im)Mobility and Cause-Specific Premature Mortality in Scotland," *Social Science and Medicine*, Vol.72(3), pp.389-97.

Fukuda Y, Nakamura K, and Takano T. (2004) "Increased Excess Deaths in Urban Areas: Quantification of Geographical Variation in Mortality in Japan, 1973-1998," *Health Policy*, Vol.68, pp.233-44.

Fukuda, Y., H. Nakao, Y. Yahata, and H. Imai (2007) "Are Health Inequalities Increasing in Japan? The Trends from 1955 to 2000," *BioScience Trends*, Vol.1, pp.38-42.

Gravelle, H. (1998) "How Much of the Relation between Population Mortality and Unequal Distribution of Income Is a Statistical Artefact?" *British Medical Journal*, Vol.316, pp.382-385.

Harpham, T. (2008) "The Measurement of Community Social Capital Through Surveys," Kawachi, I., Subramanian, S.V. and Kim, D.(eds.), *Social Capital and Health*, New York: Springer, pp.51-62.

Honjo, K. (2004) "Social Epidemiology: Definition, History, and Research Examples," *Environmental Health and Preventive Medicine*, Vol.9(5), pp.193-199.

House, J.S., Robbins, C., and Metzer, H. L.(1982) "The Association of Social Relationships and Activities with Mortality: Prospective Evidence from the Tecumseh Community Health Study," *American Journal of Epidemiology*, Vol.116(1), pp.123-40.

Ichida, I., K. Kondo, H. Hirai, T. Hanibuchi, G. Yoshikawa, and C. Murata (2009) "Social Capital, Income Inequality and Self-rated Health in Chita Peninsula, Japan: A Multilevel Analysis of Older People in 25 Communities," *Social Science & Medicine*, Vol.69, pp.489-499.

Kanamori, S., Kai, Y., Kondo, K., Hirai, H., Ichida, Y., Suzuki, K., and Kawachi, I. (2012) "Participation in Sports Organizations and the Prevention of Functional Disability in Older Japanese: the AGES Cohort Study," *PLOS ONE*, Vol.7(11), p.e51061.

Kawachi, I., Kennedy, B.P., Lochner, K., and Prothrow-Smith, D. (1997) "Social Capital, Income Inequality, and Mortality," *American Journal of Public Health*, Vol.87(9), pp.1491-1498.

Kawachi, I. and Subramanian, S.V. (2005) "Health Demography," Poston, D.L. and M. Micklin (eds.), *Handbook of Population*. New York: Springer.

Kennedy, B.P. and Kawachi, I. (2002) *The Health of Nations: Why Inequality is Harmful to Your Health.* New York: New Press.

Kennedy, B. P., Kawachi, I., Prothrow-Smith, D. (1996) "Income Distribution and Mortality: Cross Sectional Ecological Study of the Robin Hood Index in the United States," *British Medical Journal*, Vol.312, pp.1004-1007.

Kondo, N., G. Sembajwe, I. Kawachi (2009) "Income Inequality, Mortality, and Self Rated Health: Meta-analysis of Multilevel Studies," *British Medical Journal*, Vol.339 (b4471).

Looper, M. and Lafortune, G. (2009) "Measuring Disparities in Health Status and in Access and Use of Health Care in OECD Countries," *OECD Health Working Papers*, No.43, Paris: OECD.

Luke, D. A. (2004) *Multilevel Modeling*. Thousand Oaks: Sage Publications.

Lynch, J., Smith, G. D., Harper, S., Hillemeier, M., Ross, N., Kaplan, G. A., Wolfson, M. (2004) "Is Income Inequality a Determinant of Population Health? Part I. A Systematic Review," *Milbank Quarterly*, 82(1), pp.5-99.

Mackenbach, J. and Bakker, M. (2002) *Reducing Inequalities in Health: A European Perspective*. London: Routledge.

Norman P., Boyle P., and Rees P. (2005) "Selective Migration, Health and Deprivation: A Longitudinal Analysis," *Social Science & Medicine*, Vol.60(12), pp.2755-2771.

Portes, A. (1998) "Social Capital: Its Origins and Applications in Modern Sociology," *Annual Review of Sociology*, Vol.24, pp.1-24.

Preston, S. H. (1975) "The Changing Relation between Mortality and Level of Economic Development," *Population Studies*, Vol.29(2), pp.231-248.

Putnam, R. (1993) *Making Democracy Work: Civic Traditions in Modern Italy*. Princeton NJ: Princeton University Press.

Rabe-Hesketh, S. and Skrondal, A. (2008) *Multilevel and Longitudinal Modeling Using Stata (2nd ed.)*. College Station: Stata Press.

Schoenbach V. J., Kaplan B. H., Fredman, L., and Kleinbaum, D. G. (1986) "Social Ties and Mortality in Evans County, Georgia," *American Journal of Epidemiology*, Vol.123(4), pp.577-591.

Shaw, M, Dorling, D., Gordon, D. and Smith, D. G. (2004) "The Widening Gap: Health Inequalities in Britain at the End of the Twentieth Century," P. Boyle, S. Curtis, E. Graham and E. Moore (eds.), *The Geography of Health Inequalities in the Developed*

World: Views from Britain and North America, Hants: Ashgate Publishing, pp.77-102.

Shibuya K., H. Hashimoto, and E. Yano（2002）"Individual Income, Income Distribution, and Self Rated Health in Japan: Cross Sectional Analysis of Nationally Representative Sample," *British Medical Journal*, Vol.324, pp.16-19.

Subramanian, S.V.（2004）"The Relevance of Multilevel Statistical Methods for Identifying Causal Neighborhood Effects," *Social Science & Medicine*, Vol.58(10), pp.1961-1967.

Takagi, D., K. Kondo, N. Kondo, N. Cable, K. Ikeda, and I. Kawachi（2013）"Social Disorganization / Social Fragmentation and Risk of Depression among Older People in Japan: Multilevel Investigation of Indices of Social Distance," *Social Science & Medicine*, Vol.83, pp.81-89.

Waitzman, N.J. and Smith, K.R.（1998）"Separate but Lethal: The Effects of Economic Segregation on Mortality in Metropolitan America," *The Milbank Quarterly*, Vol.76(3), pp.341-373.

WHO（1985）*Targets for Health for All: Targets in Support of the European Regional Strategy for Health for All*. Copenhagen: WHO.

WHO（2008）*Closing the Gap in a Generation: Health Equity through Action on the Social Determinants of Health*. Geneva: WHO.

Wilkinson, R.G.（1992）"Income Distribution and Life Expectancy," *British Medical Journal*, Vol.304, pp.165-168.

Wilkinson, R. and Marmot, M.(eds.)（1998）*Social Determinants of Health: The Solid Facts*. Paris: OECD.

（中川雅貴）

第8章 長寿化の帰結

はじめに

　本章では，日本の年齢別死亡率の低下によって現れた寿命の伸長，すなわち長寿化が人口・経済・社会に及ぼした影響・効果について論じる。長寿化は，第一に人々の多くが一生の人生時間（ライフスパン）を拡張させる効果を持っている。その結果，人々の多くが高齢期にまで生存することを可能とさせ，高年齢人口を増加させることになった。いわゆる人口高齢化である。この人口学的な現象は，経済社会にとってみれば，様々な課題をもたらすことになる。たとえば，医療需要は高齢層ほど多く，通院率も高いことが知られている（別府・髙橋 2015）。その結果，人口高齢化の進展により医療費の公的負担を増大させる。さらに，日本の高齢期の人々の生活保障に大きな役割を果たす年金財政は，高齢者の増加にともなう受給者の増加により将来の給付水準に影響をもたらし，その制度の有効性や持続可能性に問題を生じさせることになる。またこうした長寿化は，結婚行動の変化や寿命の伸長にともなう結婚期間の長期化をもたらす。そして，離婚・再婚などの人口動態イベントの発生にさらされるハザード期間を拡大させ，人々のライフコースに多様性をもたらす可能性が高まると考えられる。以下，日本の長寿化がもたらした様々な影響，すなわち長寿化の帰結について論じていくことにしたい。

第1節　長寿化の進展

(1) 日本の長寿化

　18世紀半ばから19世紀にかけて西欧社会で始まった産業革命とそれに伴う一連の社会構造の変革は，生活水準の向上や上下水道の普及など生活基盤（健康インフラ）の改善，医療技術の発展とその組織化を通じて寿命の改善をもたらしたことが指摘されている（McKeown 1976，堀内 2001，金子 2010）。その後，19世紀後半にはロシア，イタリア，スウェーデンなどの北欧諸国に続き，日本においても産業構造の転換が達成された。こうした工業化とそれに関連した経済社会の変化の総体を近代化と呼ぶとすれば，近代化は日本の疫学的転換を導き，乳幼児死亡率や粗死亡率の長期的な低下をもたらしてきたと考えることができるであろう。この過程については，本書の第1章に詳細に述べられているので，この章では，長寿化の帰結に関連する内容について論述することにしたい。

　日本の平均寿命は，第4回生命表（1921〜25年）以前はおおよそ男女ともに40年半ばで推移し，男女の寿命差はおおよそ1年前後であったことが知られている（水島 1963）。その後男女の平均寿命は徐々に改善し，1947年に作成された第8回完全生命表では，男性50.16年，女性53.96年と，初めて50歳台に達した。戦後の平均寿命はさらに大きく上昇し，2015年の生命表では，男性80.75年，女性86.99年に達している。

　こうした寿命改善に最も貢献した年齢層を見ると，はっきりと時期によって異なっており，乳幼児死亡率の低下期から青年期死亡率の低下期，そして中高年死亡率の低下期へと変化してきたことがわかる。すなわち，長期間にわたる人口転換・疫学転換の過程で，主たる死亡原因が感染性疾病から死亡年齢が高い成人の慢性病（脳血管疾患・心疾患・悪性新生物など）の疾病へと変化することで，死亡年齢の高年齢化（ageing of mortality）という現象をともないながら，寿命の伸長がもたらされたのである（金子 2010）。

　さらに，20 世紀に入って以降，寿命の男女差に拡大が見られるようになった。1921〜25 年の男女の寿命差は 1.1 年にしか過ぎなかったが，徐々に寿命差は拡大し，1947 年の生命表ではこの差が 3.9 年へと広がった。その後，結核に代表される感染症による死亡率低下を反映し，寿命の男女差が拡大した。そして2003 年の生命表では過去最大の寿命の男女差として 7.0 年を記録した。しかしその後，男女の平均寿命差は 2015 年現在で 6.2 年へと縮小する傾向にある。こうした近年の男女差の縮小傾向は多くの国々で観察されている。寿命の男女差の拡大と縮小の主たる要因としては，男性の心疾患の増加や男女の喫煙や飲食習慣など，人々の生活行動やライフスタイルに男女の違いがあり，女性より男性にその違いが強く現れていたことなどが指摘されている（Glei and Horiuchi 2007，Beltrán-Sánchez *et al.* 2015）。

（2）生存率革命と人口転換

　長寿化は，死亡率の低下によってもたらされるが，年齢によってその低下傾向は異なる。たとえば乳児死亡率の低下は 1920 年代半ばに始まったとみることができる。1910〜1919 年間の出生千件に対する乳児死亡数である乳児死亡率は165‰（パーミル），同 1920〜29 年は 152‰を記録している。そして，1920 年代半ば以降は乳児死亡率が急速に低下し，1935〜43 年の平均で，112‰の水準にまで低下した。平均寿命の延びに対する年齢別死亡率低下の寄与率を見ると，1891〜98 年から 1935〜36 年の男性の寿命の延び 11.63 年のうち 51.7％が 0 歳，すなわち乳児死亡の改善によってもたらされ，女性も同様に 51.0％であった[1]。こうした年齢別死亡の長寿化への影響は，年次とともに 1〜4 歳の幼児の死亡率低下，そして 5〜14 歳の子どもの死亡率低下へと進んだ。近年では女性の寿命改善の 6 割が，男性では 5 割近くが 65 歳以上の死亡率の改善によってもたらされている。こうした過程を生命表の生存数曲線で比較すれば，時代を追ってカーブの若年層からの上昇（生存率改善）と，カーブ後半の右方向へのシフトが生じていることがわかるだろう（図8-1）。前者は若年生存率の改善を表す生存数曲線の矩形化として知られる過程であり，後者は高齢期における死亡の遅

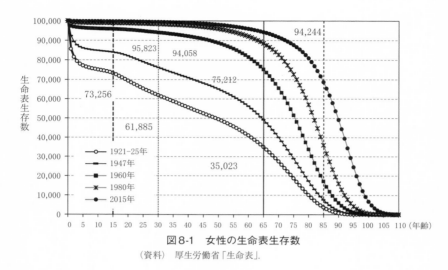

図8-1　女性の生命表生存数

（資料）　厚生労働省「生命表」.

延の結果とみることができる。すなわち，生まれた人々の多くが65歳の高齢期
にまで生存するとともにその後の老齢期も長くなる社会が出現したことを意味
している。女性でみると，1921〜25年生命表では，65歳に到達する生存数は
35,023人，1960年では75,212人，2015年では94,242人と長寿化に伴って生存
数が大きく増大してきた。さらに，85歳到達生存数は，1921〜25年の3,723人
から1960年の17,112人を経て，2015年には68,712人へと1921〜25年の18倍
を超える生存数に達している。このように人々の生存確率は，時代を追って若
年層から青年期，中年期を経て，高齢期の改善へと変化してきた。そうした変
化は，男女間の生存状況の改善にも違いを生じている。

（3）長寿化の帰結

　男女の寿命が延びたことにより，生まれた人々の多くが中高年にまで生存す
ることが可能な社会がもたらされた。しかし長寿化はその一方で，人口の年齢
構造に影響を及ぼし，人口高齢化をもたらす。それは社会経済的観点からみれ
ば，従来社会のもとで作り上げられた社会保障や経済の仕組みが様々な影響を
受けることを意味する。また，寿命の伸長は人々の生存期間の拡大を通じて結

婚の年齢や配偶者との死別などの発生タイミングの年齢変化をもたらしてきた。これらの一連の変化を長寿化の帰結と考えることができるであろう。以下に，長寿化の帰結と考えられる主要な点を掲げてみよう。

　第一に，長寿化による人口構造への影響である。寿命の改善は年齢別死亡率の低下によってもたらされるが，その結果として，年次経過とともに多くの人々が中高年の年齢にまで到達するようになった。それは当然のことながら，人口の高齢化を促進した。

　第二に，出生率や出生数の規模の変動と関連した長寿化の影響である。毎年の出生数がほぼ一定の水準にある場合，生存率の改善は生存子ども数の増加を引き起こし，次世代の人口増加に貢献することになる。出生数の年次推移は出生率の動向によって左右されるが，1940 年代までの出生率の水準は，1925 年の合計特殊出生率が 5.10，1947 年が 4.54 と人口置換水準の出生率を大きく上回っていた。終戦前後を除いて合計特殊出生率が徐々に低下を開始するのは 1950 年代に入ってからである。このような人口置換水準を上回る高い出生率のもとでは，乳幼児と子どもの死亡率低下は生存子ども数の増加を生じさせ，さらに青年期人口の増大をもたらしてきた。なお，母親世代と娘世代の置き換え水準である純再生産率が 1.0 を割り込んだのは 1974 年以降になってからである。したがって，戦後の日本社会は長期にわたって長寿化の影響を受け，生存数の増加がもたらされた。しかし，1970 年代に入ると生存率改善世代が徐々に 65 歳の年齢に到達し始め，65 歳以上の高齢者人口の増加がもたらされた。その結果，1970 年の国勢調査に基づけば，65 歳以上の人口は 7 百万人を超え，総人口に占める割合も 7.1％に達した。いわば生存率革命ともいえる生存数の増加によって達成された高齢化社会の出現である。

　しかしながら，人口転換は過去の出生数ならびに出生率変動をともなうため，人口増加はその影響をも受けることになる。そのため，高齢期人口の増加が 65 年前の出生数の増加の効果によるものなのかあるいは長寿化によるものかを定量的に明らかにすることは難しい[2]。1970 年の 65 歳人口が生まれたのは 1905 年頃である。その当時の出生数は 145 万前後あり，またその当時の出生数は戦前

期の出生数の増加期でもあり，1940年代前半には225万人に増加していた。い
わば高齢化は戦前期の出生数増加期の出生世代が1970年代に入って生存率革命
によって高齢期に達したことによって起きた現象といえよう。

　第三に，長寿化によってもたらされた経済社会への影響である。1970年代半
ばから急速に進行した少子化現象，すなわち人口置換水準以下への出生率低下
は，1970代半ば以降の出生数の減少をもたらし，生産年齢（15〜64歳）人口そ
のものの高齢化と縮小をもたらしてきている。生産年齢人口の変動は，労働力
の供給量を規定する。この生産年齢人口は1950年当時の4,966万人から1995
年には8,717万人のピークに達し，その後一転して減少が続いている。労働力
人口を一定規模で確保するには，非労働力人口が比較的多い女性人口や定年年
齢後の高齢者人口，ならびに外国人人口を労働市場へと誘導する社会政策の展
開が必要となる（大竹 2009）。特に，現在の日本の社会保障を支える社会保険
制度は主に賦課方式を基本とした財政運営となっており，現役世代の働き手（労
働力人口）本人と雇用主の保険料，ならびに税から社会保険への拠出によって
成り立っている。そのため，若年労働力の減少によって保険料収入が減少する
一方で，人口高齢化にともなって受給者人口が増加することは，社会保険制度
の持続可能性に課題を生じさせる要因となり得る。したがって，子育て支援や
高齢者の就労支援などを通じて労働力人口を確保し，年金・医療・介護などの
社会保険制度の持続可能性を高めることが必要となるものと考えられる。

　第四に，長寿化がライフサイクルやライフコースに及ぼす影響である。多く
の人々は，結婚によって家族を形成する。仮に初婚年齢がほぼ一定で離婚率に
大きな変化がなければ，結婚期間の長期化がもたらされる。すなわち夫婦が共
に暮らす期間が長くなり，結婚の「寿命」の延長が起きることになる。さらに，
長寿化は離婚や再婚などの人口動態事象の発生リスクにさらされるハザード期
間を増大させ，人生における未婚・初婚・離婚・死別ならびに再婚などのライ
フイベント発生の増加によってライフコースに多様性がもたらされる。とくに
初婚が特定の年齢に集中する社会から初婚年齢の分散化が進む社会では，ライ
フサイクルパターンの画一性が減少するだろう。

　また平均寿命には男女差があり，長期的にみれば寿命の延びに従って寿命の男女差は拡大してきている。その結果，男女の寡婦・寡夫期間に違いをもたらすことになる。すなわち，配偶関係からみると，高齢期の女性の死別人口が多くなり，男性が平均的に女性より早く亡くなるため男性の有配偶人口が少なくなる。その結果，男女の寿命の違いが人口全体では，人口性比に影響を及ぼし，とくに高齢期の人口に占める女性人口割合を増加させる。すなわち，人口の女性化現象が生ずる。国勢調査によってみると，1920 年の男女性比（男性人口を女性人口で除した比率）は 100.4％であったが，1970 年のそれは 96.4％，そして 2015 年では 94.8％と女性に対する男性比の低下が起きている。

　次節以降においては，長寿化がもたらした上記の諸点に関する社会経済的影響について検討することにしたい。

第 2 節　　長寿化の影響

　前節の 3 項において長寿化の帰結として，年齢構造への影響を指摘した。この節では，まず長寿化と人口高齢化の関係を人口学的に検証した後，その社会保障への影響と経済・労働市場への影響，ならびにライフサイクル・ライフコースへの影響を論じることにしよう。

(1) 長寿化と人口高齢化の関係

　日本の死亡率低下によって高齢化はどのように進行したのであろうか。総務省統計局による年齢各歳別人口統計と国立社会保障・人口問題研究所（以下，社人研と呼ぶ）の将来推計人口に基づいて，1950 年以降の 65 歳以上の人口（以下，高齢者人口）とその全人口に占める割合（以下，高齢化率）の動向を観察することにしよう（社人研 2017）。1950 年の高齢者人口は，およそ 410 万人で，高齢化率は 4.9％に過ぎなかった。しかし，それ以降高齢者人口は急速に増加し，1970 年には 733 万人，高齢化率は 7.1％に上昇した。その後も 2015 年に高

齢者人口は 3,387 万人に達した。一方高齢化率は 26.6％, すなわち 3.8 人に一人が 65 歳以上という状況が出現した。しかしながら, 高齢者人口の増加は, 2020 年代に向けこれまでのトレンドとは異なる趨勢をうかがわせている。すなわち, 高齢者人口の増加に減速がみられ, 2040 年代にはピークを迎える見通しである (**図8-2**)。それ以降, 高齢者人口は減少していく。この動向の人口学的背景には, 1970 年代半ば以降に生まれ, 人口規模が年々縮小していく世代が, 今後に続々と 65 歳を超え, 高齢期を迎えていくことがある。2040 年代の高齢者人口のピークは, 団塊ジュニア世代が 65 歳以上人口の中心となることによって形成されるものである。

このように, 過去の出生数変動は現在の高齢化やこれから引き起こされる高齢化の直接の原因であるということが理解できる (髙橋 1990)。では出生世代別にみた場合, 高齢期の入り口ともいえる 65 歳の年齢に, また後期高齢者の入り口とよばれる 75 歳の年齢に, どの時代からどの程度の規模で到達するような変化が現れたのであろうか。これを観察するために人口動態統計に記録された年次別出生数と 65 年後の 65 歳人口, ならびに 75 年後の 75 歳人口との比を計

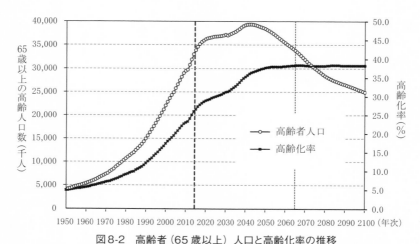

図8-2　高齢者 (65 歳以上) 人口と高齢化率の推移

(資料)　総務省統計局「推計人口」. 2016 年以降の数値は, 国立社会保障・人口問題研究所「日本の将来推計人口 (平成 29 年推計)」.

算し，それぞれの年齢への到達割合としたものを**図8-3**に示した。⁽³⁾

　出生から各年齢への到達割合にはおおよそパラレルな関係の推移がみられる。詳細にみると，1900 年から 1920 年頃出生世代にかけて，65 歳への到達割合はおよそ 40％から 49％へと増加し，75 歳への到達割合は 29％から 40％へと増加した。このように，これらの世代で生存率革命の効果が 65 歳，75 歳への到達割合の上昇となって現れている。さらに 1920 年代出生世代以降では，それ以前の世代に比べてより大きな到達割合の上昇がみられる。1950 年出生世代では 65 歳への到達割合はおよそ 87％，75 歳へのそれは 77％へと達し，1920 年出生世代から 30 年後の 1950 年出生世代の間で到達割合はパーセンテージでおよそ 40 ポイント上昇した。この高齢期への到達割合の上昇を経験したのは 1947 から 1949 年の団塊の世代以降に生まれた出生世代である。しかし，1950 年出生世代の以降の到達割合では逓減が見られるようになった。

　このことが意味することは，長寿化によって引き起こされる人口高齢化はすでに収束しており，これに代わって出生規模の縮小が高齢化を促進し，一方で

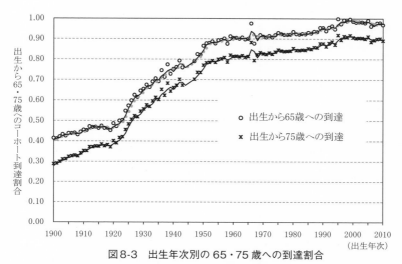

図8-3　出生年次別の 65・75 歳への到達割合

　（資料）　厚生労働省「人口動態統計」ならびに総務省統計局「推計人口」．2016 年以降の数値は，
　　　　　　国立社会保障・人口問題研究所「日本の将来推計人口（平成 29 年推計）」．
　（注）　実線ならびに破線は移動平均の値．到達率は筆者による概数値である．

総人口の減少を引き起こしている。

(2) 人口の高齢化とその社会経済への影響

　長寿化と過去の出生数変動は，1970年代以降急速に高齢者人口の増加をもたらした。また，同時に総人口増加の停滞と減少は，人口に占める高齢者，すなわち高齢化率の上昇をもたらした。この変化は年齢構成の中高年化をもたらし，医療需要を高め医療費用や介護費用，年金費用を増加させる。実際，社人研の推計によれば，国の社会保障制度の規模を表す社会保障給付費の総額は1970年のおよそ3兆5千億円から2000年に78兆4千億円に増加し，2016年現在では116兆9千億円と，1970年の33倍の規模に増加している（社人研2018a）。

　日本の社会保障の仕組みは，主として働く現役世代の人々から，税負担と社会保険料負担を通じて，年金・医療・福祉（介護や生活保護など）を受けとる人々に向けた所得移転，すなわち所得の再分配を通じて行われている。2016年に公表された所得再分配調査の結果に基づけば60歳未満の人々の当初所得（税と社会保険料を引く前で，社会保障給付を加える前の所得）は所得再分配後の所得より上回っている（厚生労働省2016）。とくに世帯主の年齢でみれば，50〜54歳の当初所得が730.3万円であるのに対して，所得再分配後の所得は608.9万円と税と社会保険料などの負担が大きい（図8-4参照）。それに対して，世帯主の年齢が65歳以上では当初所得が300万円以下に急速に下がるが一方で再分配後の所得は400万円以上の水準にある。すなわち，日本の社会保障の仕組みは税と社会保険制度を中核として，所得の再分配が適切に行われることにより社会的な安定がはかられている[4]。しかしながら，すでに述べたように高齢者人口は2040年代半ばに向けて増加を続けており，総人口が減少する中で高齢化率は上昇を続けている。それゆえに現代の社会保障制度を持続可能な仕組みとして存続するためには，追加の財源の確保を図ることが求められている。

　長寿化がもたらす経済ならびに労働市場への影響は，極めて大きな規模となることが予想されている（樋口・津谷2009）。経済の規模すなわち国内総生産とその成長をもたらす要素は，生産技術・労働力人口・生産設備を含む資本ス

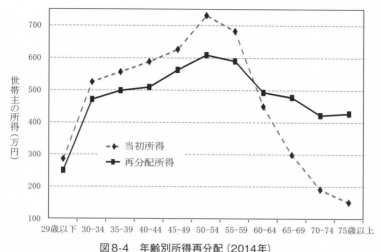

図8-4　年齢別所得再分配（2014年）
（資料）　厚生労働省「所得再分配調査」2014 年.

トックの総和によって生み出されると考えられている（大淵・森岡 1981，樋口 2009）。大竹は，人口減少によって生産性上昇効果が阻害される可能性について論じ，第一に豊富な資本を効率的に配分する仕組みを整えること，第二に賦課方式の公的年金制度を改善することが重要な課題となること，第三に介護労働の代替性は，技術進歩がどの程度になるかに大きく依存していること，第四に教育の役割とイノベーションをもたらすような人材（若者・女性・高齢者や外国人）の確保と活用が必要なことなどを指摘している（大竹 2009）。このため，安定的な財源確保のためには，年金の支給開始年齢の引き上げ，年金のマクロ経済スライド（現役人口の減少や平均余命の延びに合わせて，年金の給付水準を自動的に調整する仕組み）の改訂，女性の労働市場での積極的な活躍を図るための女性政策・労働政策，定年制の実質廃止をともなう雇用制度の改善，外国人労働力の活用などによって，社会保険制度の持続可能性を高めることが課題となっている。

　以上の指摘を考えれば，少子化をともなう人口高齢化と人口減少は，将来社会に影響を及ぼす長寿化の深刻な帰結といえる。

第3節　ライフサイクル・ライフコースへの影響

　長寿化が進むと，夫婦の生存確率の上昇によって初婚同士で結婚した夫婦は，初婚年齢に変化がなく離婚がない限り，夫婦がともに暮らす期間は増加する。また第1節の(3)で既に指摘したように，男女の結婚年齢や離婚率の変動は結婚期間の縮小・拡大に作用し，ライフサイクルに多様性を生み出すことになる。その結果，ある時代に特有な画一的ライフサイクルパターンが減少し，ライフサイクルに多様性がもたらされる。

(1) 長寿化とライフサイクルに変化を及ぼすイベントの変容

　ライフサイクルの節目に起きる人口学的イベントとしては，初婚・出産・離婚・死別・本人の死亡などの事象がある。それらの事象のうち人生の中で一度限り起きる事象としては初婚と本人死亡がある。また，結婚・離婚・出産や死別は繰り返し起きる可能性を持つ人口事象である。こうしたライフサイクルの節目に起きる人口動態事象の発生が，長寿化の中でどのように変化してきたのかについては，従来から人口学の分野において強い関心を持たれてきた。

　ここでは，男女の平均寿命の伸長にともなって，初婚同士で結婚した夫婦が，結婚の節目である結婚10年目の錫婚式や25年目の銀婚式，そして結婚50年目の金婚式を迎える割合を推定することによって，ライフイベントに対する長寿化の効果をみることにしたい。(5) **表8-1**は結婚後のライフサイクルの節目ごとに，1955年，1985年そして2015年の3時点での結婚の継続夫婦数を確率で表したものである。1955年当時は男女の平均寿命は70年に達する前で，平均初婚年齢は男性26.6年，女性23.8年であった。この年齢の組み合わせで結婚した初婚同士のカップルは，当時の死亡率下でも結婚10年目を迎える夫婦は94.2％であった。結婚10年目の節目は1985年も2015年も継続確率は高状態で推移する。結婚25年目の節目は，1955年の80.6％が1985年に91.7％と10ポイント以上増加し，2015年に94.3％へと高まった。そして結婚50年目の金婚式を迎

表8-1　ライフサイクル変数と結婚継続確率の変化

ライフサイクル変数	1955年	1985年	2015年
平均寿命（男）	63.60	74.78	80.75
平均寿命（女）	67.75	80.48	86.99
初婚年齢（男）	26.6	28.2	29.4
初婚年齢（女）	23.8	25.5	31.1
結婚時	100.0%	100.0%	100.0%
結婚10年後	94.2%	98.5%	98.9%
結婚25年後	80.6%	91.7%	94.3%
結婚40年後	46.9%	70.5%	78.7%
結婚50年後	15.3%	38.7%	54.2%

（注）　計算方法は，「生命表とその応用」『アクチュアリー会会報別冊』第 90 号（1984）による.

える夫婦の確率は 1955 年の 15.3％から 1985 年に 38.7％への 2.5 倍に高まり，2015 年には 54.2％と初婚同士のカップルは半数以上が金婚式を迎える時代となった。

　しかしながら，これは長寿化による死亡率低下の効果であって，他の人口学的変数の変動効果を反映してはいない。なぜなら初婚年齢は男女ともに上昇してきており，また離婚による夫婦関係の解消による効果などが反映されていないからである。

(2) ライフサイクルの多様化

　ライフサイクルの変化が長寿化や離婚率などの結婚行動の変化によって生じることについて，伊藤は初婚表を用いた結婚の寿命研究を行う中で，結婚経過年数別に夫婦の離婚と夫婦の死別による解消過程の時代的変化を検証した（伊藤 1994）。

　その研究では 1935 年から 1985 年までの間の夫婦が結婚生活を送る平均期間を結婚の平均寿命として計測した。1935 年の結婚の寿命は，29.75 年であったが 1985 年には 8.2 年延び，37.9 年に達した。結婚解消要因は，1935 年当時，離婚によるものが 8.03％で，夫の死亡が 56.29％，妻の死亡が 35.68％であった。ところが戦後社会では離婚率の上昇があったため 1985 年には離婚による結婚の

解消が大きく増え，19.08％に達した。また，男女の平均寿命の差の拡大にともない，妻の死亡による結婚の解消が大きく減少した。

伊藤は，1935 年から 1985 年の結婚の寿命の延び 8.2 年について要因分析を行い，夫婦の死亡率低下によって結婚の寿命は 11.75 年の寿命の増加をもたらした。一方，結婚の寿命を短縮する要因である離婚率の上昇によって 2.93，初婚年齢の上昇によって 1.55 年の短縮をもたらした。それに加えて複合的要因が 0.94 年あり，全体で離婚率や初婚年齢の上昇による結婚変動による結婚の寿命短縮効果と長寿化による伸長効果が相互に打ち消しあい 8.2 年の結婚の寿命をもたらしたことを明らかにしている。

長寿化によってもたらされるライフサイクルの変化とともに，時代によって人生の中で人々が経験する結婚・出産・離婚・配偶者や死別などのイベントの発生が長いリスク発生期間にさらされることになる。このイベントの世代間の人生経路の違いに着目し，ライフコースの型を類型化し，コーホート比較を行った研究がある（渡邉 1987）。渡邉の研究では，日米のライフコース類型別に 1890 年生まれと 1920 年生まれの女子コーホートの比較が行われ，次のようなライフコースを設定している。早世型は，15 歳未満で死亡した人の割合，未婚型は，55 歳時点で未婚であった人の割合，無子型は，結婚後 55 歳まで生存し，子供無しの人の割合，母死亡型は，結婚後 55 歳までに死亡した人の割合，未亡人型は，結婚後 55 歳までに夫が死亡した割合，完結型は，55 歳時点で夫婦ともに生存していた人の割合の六つのライフコースである。

表8-2　結婚の寿命の延びと結婚解消割合

結婚の寿命と解消	1935年	1955年	1985年	50年間の変化
結婚の寿命	29.75	36.71	37.9	8.2
結婚解消の割合(%)				
離婚	8.03	9.86	19.08	10.98
夫の死亡	56.29	58.58	57.06	0.77
妻の死亡	35.68	31.57	23.98	-11.75

（資料）　伊藤達也（1994）『生活の中の人口学』古今書院.
　（注）　同書の p.13 の表を一部改変した.

表8-3　世代別にみたライフコースの日米比較

ライフコースの型	1890年生まれ		1920年生まれ	
	日本	米国	日本	米国
早世型	37.2	26.3	27.1	10.8
未婚型	4.8	17.8	6.8	10.6
無子型	7.3	12.2	6.0	9.0
母死亡型	14.9	7.8	7.8	4.0
未亡人型	13.1	8.5	8.7	8.5
完結型	22.7	27.4	43.6	57.1

（資料）　渡邉吉利（1987）「日本人女子コウホートの結婚と出産，死亡によるライフ
コース」『人口問題研究』第 181 号.

　この研究から，日本の明治時代の生まれである 1890 出生コーホートの典型的
な人生コースは，女性の 37.2％が早世型で満 15 歳未満で亡くなり，次いで結婚
し子どもをもうけ 55 歳の年齢に達した女性が 22.7％，子を産んだものの 55 歳
以前に亡くなった女性が 14.9％であった。そして 55 歳に達する前に夫を亡くし
た女性の割合が 13.1％であった。平均寿命が 40 年前後の時代から戦後にかけて
生きた女性のライフコースには典型的といえるパターン化されたライフコース
がなかったことが明らかにされている。日本より工業化が先行した米国の出生
コーホートでは早世型の占める割合は 10 ポイント低く，一方で女性の年齢 55
歳で完結型の女性は 5 ポイント多い。このことからも米国社会が日本より完結
型のライフコースへの集中が一歩進んでいたことが理解できる。30 年後の 1920
年生まれの世代では日米とも早世型を辿る女性の割合が縮小し，日本が 27.1％，
米国が 10.8％となり，一方で完結型のライフコースがそれぞれ 43.6％，57.1％
と多くを占めるようになった。ライフコースの形態が近代の寿命改善を通じて
典型的ライフコースへと，一旦収斂をみせたことが理解できる。

（3）多様なライフコースの出現

　長寿化を経て，結婚生活は人生の長期にわたって男女がともに過ごす時代と
なったが，一方で結婚の遅延を伴う未婚率の上昇や離婚率の上昇，さらには再
婚率の上昇が，1970 年代半ば以降の人口動態に大きな影響を及ぼしてきた（岩
澤 2015 ）。たとえば，50 歳時の男女の未婚率は，1970 年の男性 1.7％，女性

3.3%であったものが，2000年には男性12.6%，女性4.3%へと上昇し，さらに2015年には男性23.4%，女性14.1%に達している。平均初婚年齢は1970年の男性26.9歳，女性24.2歳から2015年男性31.1歳，女性29.4歳へと上昇している。また人口千人あたりの離婚数である粗離婚率は1970年の0.93件から2002年の1.37件を経て，2015年に1.81件の水準にある（社人研 2018b）。こうした結婚に関連した諸変数の変化は，1970年代以降のライフコースに著しい変容をもたらしたと考えられる。結婚行動の変化がライフコース変数に及ぼした影響を把握するために，生命表分析の手法である多相生命表を用いて結婚に関するライフコース変数の変化をみることにしよう[6]（**表8-4**）。

1980年から2015年の間，男女とも平均寿命は改善が進み，男性7.40年，女性8.23年の寿命の伸長がみられた。初婚前の平均未婚期間は，男性は29.1年から38.3年へと9.2年伸び，女性のそれは26.6年から32.0年へと5.4年へと伸びた。初婚年齢の上昇は，このように未婚期間の長期化をもたらす。実際，平均初婚年齢は男性で3.3年，女性で4.2年上昇したことからも未婚期間の拡大が起きている。生涯の人生の期間を100%とした場合の未婚期間割合は1980年の男

表8-4　配偶関係別生命表によるライフコース状態変数：1980年・2015年

配偶状態の期間・割合	男性			女性		
	1980年	2015年	変化	1980年	2015年	変化
平均寿命	73.35年	80.75年	7.40年	78.76年	86.99年	8.23年
配偶状態別平均期間						
未婚期間	29.1年	38.3年	9.2年	26.6年	32.0年	5.4年
有配偶期間	40.8年	37.6年	-3.2年	37.3年	34.8年	-2.5年
離死別期間	3.5年	4.9年	1.4年	14.8年	14.0年	-0.8年
生涯の配偶状態別割合						
未婚期間割合	39.6%	47.4%	7.8%	33.8%	39.6%	5.8%
有配偶期間割合	55.6%	46.6%	-9.0%	47.3%	43.1%	-4.2%
離死別期間割合	4.8%	6.0%	1.2%	18.9%	17.3%	-1.6%
50歳時点の配偶状態別割合						
未婚者の割合	2.5%	23.5%	21.0%	4.6%	14.2%	9.6%
有配者の割合	94.3%	69.6%	-24.7%	85.0%	73.6%	-11.4%
離死別者の割合	3.2%	7.0%	3.8%	10.4%	12.2%	1.8%

（資料）　筆者による試算.
（注）　計算は，配偶関係別人口分布と生命表を用い，サリバン法によって，配偶関係別生命表の定常人口を求めることにより算出.

性 39.6％から 2015 年の 47.4％へ，女性は 33.8％から 39.6％へと未婚時代が増大した。男性で 7.8 ポイント，女性で 5.8 ポイントの増加がみられた。

　一方，結婚後に夫婦で暮らす期間である有配偶期間は，男性で 40.8 年から 37.6 年へと 3.2 年の短縮が，女性では 37.3 年から 2.5 年の短縮がみられる。結婚が遅れるとともに，年齢別離婚率の上昇は有配偶の夫婦を減少させる効果を持つ。したがって，生涯の有配偶期間は男性で 55.6％から 46.6％へと 9 ポイントの減少がみられ，女性でも 47.3％から 43.1％の 4.2 ポイントの減少がみられた。長寿化が進む中で有配偶期間の縮小は，年齢別離婚率の上昇によっても引き起こされている。たとえば 30〜34 歳の離婚率は 1980 年男性 4.62‰，女性 5.17‰から 2015 年には男性 7.43‰，女性 8.05‰へと上昇しており，他の年齢においても同様の傾向がみられている（社人研 2018b）。このように結婚生活にかかわる生涯の様相は，初婚の遅延，離婚の増加，再婚の増加によって大きく変化してきた。その結果，典型的で一様なライフコースは減少し，多様なライフコースが生み出されることになった。

おわりに

　本章では，日本の年齢別死亡率低下によってもたらされた寿命の伸長が，人口・経済・社会に及ぼした影響・効果について論じてきた。日本の人口転換は，その転換過程を 1920 年前後からの少産少死に向かう人口動態変化に求めることが多い（佐藤・金子 2016）。この章ではもっぱら人口転換過程における寿命伸長としての長寿化に着目して議論を進めた。長寿化が日本社会にもたらしたものは，第一に，人々の多くが高齢期まで生存することを可能とし，人口構造を高齢化へと導いたことである。ただし，現在，人口高齢化に対する長寿化の効果はすでに収束し始めており，出生規模の縮小がもっぱら高齢化の水準を押し上げる要因となりつつある点には留意する必要がある。第二に，長寿化は人口高齢化を介して経済社会に様々な課題をもたらすことになった。ここでは，人

口高齢化の進展が医療費の公的負担を増大させ，日本の社会保障の根幹である社会保険制度（年金・医療・介護や生活保護など）に大きな影響を与えている実態について論じた（第2節2項）。すなわち，これらの社会保障の仕組みは高齢化による社会保険受給者の増加により，将来において給付水準の低下をもたらし，その役割の持続可能性に課題があることを論じた。そして第三として，長寿化は人々の一生，すなわちライフコースに変容をもたらした。たとえば，寿命伸長が結婚期間を長期化させ，離婚・再婚などの発生リスクにさらされるハザード期間の拡大に作用したことなどを示し，結果として人々のライフコースに多様化をもたらしていることを明らかにした。

　長寿化は，健康で長生きをしたいという人々の長年の夢を実現する一方で，人口高齢化という構造変化によって，経済社会，とくに社会保障分野や労働市場に広く，そして困難な課題をもたらした。人口・経済・社会の理念的，制度的な再調整・再構築という時代の要請を踏まえて，長寿化の学際的研究は，一層の深化を図らなければならないといえよう。

注

(1) 平均寿命の改善に対する死亡率低下の年齢別寄与率については，髙橋重郷（2018）「寿命の差の要因分解」日本人口学会編『人口学事典』丸善出版，pp.466-467を参照されたい。ただし，寄与率の数値は，国立社会保障・人口問題研究所の『人口統計資料集2018』による。

(2) 寿命伸長の人口高齢化に対する効果を定量的に求める方法には，たとえば人口推計手法により，寿命が改善しなかった場合の高齢者数の推定を行う方式（勝野1986）などがある。ただし，その場合には出生率の効果と寿命改善の効果が複合的に現れるので，寿命伸長のみの純粋な効果が推定できない。

(3) 出生数の統計処理に関連し，到達割合の算定の基礎となる2015年以前の出生数には日本における日本人の出生を用い，2016年以降は社人研の将来推計人口において推計された総人口の出生数に基づいている。したがって，出生数やその時系列比較の際には注意が必要である。

(4) 再分配所得は，当初所得から税や社会保険料負担を控除し，公的年金などの現金給付と医療，介護，保育などの現物給付を加えた額である。

(5) 結婚後の経過年数別の夫婦組数を算定する方法としては，チャンの方法がある（Chiang 1984）。ここでは完全生命表の生存数を用いて結婚経過年数別の男女の共に生存する確率を計算した。

(6) ここで示したライフコース変数は，期間の完全生命表の生存数に配偶関係別年齢別割合を用いて，配偶関係別の定常人口を求める方法によって計算した。いわゆる健康の生命表を計算するサリバンの方法を結婚の生命表に応用したものである（Sullivan 1971）。したがって結婚の生命表のように結婚の状態間の遷移を精緻に計算した方法とは異なっている。

参考文献

伊藤達也（1994）『生活の中の人口学』古今書院。

岩澤美帆（2015）「少子化をもたらした未婚化および夫婦の変化」髙橋重郷・大淵寛編著『人口減少と少子化対策』〈人口学ライブラリー16〉原書房，pp.49-72.

大淵寛・森岡仁（1981）『経済人口学』新評論。

大竹文雄（2009）「人口減少の政治経済学」樋口美雄・津谷典子編『人口減少と日本経済』日本経済新聞社，pp.243-284.

勝野真人（1986）「戦後わが国の出生・死亡低下と人口高齢化」『民族衛生』52(4)，pp.196-206.

金子隆一（2010）「長寿革命のもたらす社会――その歴史的展開と課題――」『人口問題研究』66(3)，pp.11-31.

厚生労働省（2016）「平成26年所得再分配調査報告書」。

国立社会保障・人口問題研究所（2017）「日本の将来推計人口（平成29年推計）」〈人口問題研究資料第336号〉。

国立社会保障・人口問題研究所（2018a）「平成28年度社会保障費用統計」。

国立社会保障・人口問題研究所（2018b）「人口統計資料集2018」〈人口問題研究資料第338号〉。

佐藤龍三郎・金子隆一編著（2016）『ポスト人口転換期の日本』〈人口学ライブラリー17〉原書房。

髙橋重郷（1986）「死亡率の変化とその人口構造への影響」『人口問題研究』Vol.180, pp.1-15.

髙橋重郷（1990）「出生・死亡変数の変化とその人口構造への影響：年齢別人口成長率を用いた分析」『人口問題研究』Vol.46(3), pp.1-15.

別府志海・髙橋重郷（2015）「疾病構造と平均健康期間の人口学的分析」国立社会保障・人口問題研究所『人口問題研究』Vol.71(1), pp.28-47.

樋口美雄（2009）「人口減少社会の鍵を握る技術進歩と『人材』」樋口美雄・津谷典子編『人口減少と日本経済』日本経済新聞社, pp.311-325.

堀内四郎（2001）「死亡パターン歴史的変遷」『人口問題研究』Vol.57(4), pp.3-30.

水島治夫（1963）『生命表の研究』生命保険文化協会

渡邉吉利（1987）「日本人女子コウホートの結婚と出産，死亡によるライフコース」『人口問題研究』Vol.181, pp.1-14.

Beltrán-Sánchez, H., Finch. C. E. and Crimmins, E. M（2015）"Twentieth Century Surge of Excess Adult Male Mmortality," *PNAS*, Vol.112(29).

Chiang, Ching Long（1984）*The Life Table and its Applications*. Malabar, FL: R. E. Krieger Pub.

Glei D. A. and Horiuchi, S.（2007）"The Narrowing Sex Differential in Life Expectancy in High-Income Populations: Effects of Differences in the Age Pattern of Mortality," *Population Studies*, Vol.61(2), pp.141-159.

McKeown, Thomas（1976）*The Modern Rise of Population*. New York: Academic Press.

Sullivan, D. F.（1971）"A Single Index of Mortality and Morbidity," *HSMHA Health Reports*, Vol.86(4), pp.347-354.

（髙橋重郷）

第9章　わが国の寿命の将来

はじめに

　わが国の平均寿命は戦後間もない時期は先進諸国の中でも低い地位にあったが，その後急速に伸長して他諸国に追いつき，追い越して国際的に見てトップレベルの平均寿命となりながらもさらに伸長を続けるとの特性を有している。

　本章ではこのようなわが国の寿命の将来について，公的将来人口推計である国立社会保障・人口問題研究所（2017）「日本の将来推計人口（平成29年推計）」あるいはその過去の推計（以下，「平成29年推計」などと呼ぶ）において用いられている将来死亡率推計の考え方などを中心に述べることとしたい。

第1節　人口学における将来推計

（1）将来推計の考え方

　わが国の寿命の将来を考えるにあたって，まず，人口学における将来推計について述べよう。公的将来人口推計でも用いられる人口学における将来推計とは，人口投影（Population Projection）と呼ばれる手法に基づいている。人口投影とは，人口自体の趨勢や，人口変動要因である出生・死亡・移動の趨勢について一定の仮定を設定し，将来の人口がどのようになるかを計算するものである。最も単純に総人口の投影を行う方法は，過去の総人口の推移に指数関数などの数学的関数をあてはめる「関数あてはめ法」であるが，これは出生・死亡・

移動という人口変動要因や年齢構造を考慮していないため，一般的には実際の人口の動きを捉えてトレースすることは困難である。そこで，これらの人口変動要因を考慮して人口を投影する方法が「コーホート要因法」である。特に，わが国の公的将来人口推計では，客観性や中立性を確保する観点から，出生，死亡，移動の仮定についても，過去から現在に至るまでに観測された人口学的データの傾向・趨勢を将来に向けて投影することにより行っており，ここで死亡の人口投影や死亡動向に関するモデル化が必要となる。

　Booth and Tickle（2008）は人口学的な死亡モデリングと将来推計のための方法論を包括的にレビューしている。この中で，死亡率の将来推計には必ずしも明確な区分ではないものの，大きく Expectation, Explanation, Extrapolation の3つのアプローチがあるとしている。

　Expectation とは専門的観点からの主観的意見に基づいて予測を行う手法である。この手法でよく用いられるのは，将来のある時点の平均寿命を専門家の意見に基づき目標として定めて推計を行うものであるが，米国社会保障庁が行う死亡率推計のように，将来の死亡率改善が合理的な趨勢となるよう，死因別・年齢階級別死亡率のトレンドを調整する判断を行うようなより複雑な方法もある。Booth and Tickle（2008）によれば，専門家の意見に基づく推計を行う利点は，人口学に加え，疫学や他の関連する諸分野など，必ずしも将来死亡率推計に携わっていない専門家をも含めた専門的知見を，少なくとも質的な意味で組み入れられることであるが，その反面，その見方に主観性と潜在的なバイアスが存在することが欠点であり，米国や英国などの例を挙げつつ，死亡率改善に関する専門家の意見が得てして保守的となる傾向があることを問題としている。わが国でも，2001 年に，様々な分野の専門家を対象とした「少子化に関する専門家調査結果」が行われ，その中で，2050 年の平均寿命の予測値が調査された（守泉 2004）。これによれば，各分野の専門家全体の 2050 年の予測値の平均は，男性で 79.29 年，女性で 86.15 年となっているが，2015 年における平均寿命の実績値は男性で 80.75 年，女性で 86.99 年であり，これらは専門家による 2050 年の予測値をすでに上回ってしまっていることになる。このように，わが国に

おいても，必ずしも将来死亡率推計に携わっていない専門家による将来死亡率改善に対する見方は保守的となっており，Expectation による推計の問題点を表しているといえよう。

　一方，Explanation とは，疾病過程やリスクファクターを考慮し，構造的または因果的な死因の疫学モデルを作成してこれを死亡率推計に用いるものである。しかしながら，Booth and Tickle（2008）は，リスクファクターと死亡との関係は死亡率推計に応用できるほどの精度で明らかにはなっておらず，この方法は実際問題としては将来推計に用いられることはまだ少ないとしている。

　Extrapolation は，人口学的な死亡率推計で最も基礎的に用いられており，その基礎となる考え方が先に述べた人口投影である。人口投影は過去から現在に至る人口学的データの趨勢が今後も続くとの考え方に基づき，外挿などにより推計を行う方法であることから，死亡率の将来の動向が過去の推移に似ているという前提で推計を行うことに相当する。ウィルモス（2010）は，過去 2 世紀にわたる寿命延伸は，基本的には，人々が死因を「認識」し，その死因を回避または遅らせる方法を探すことにより「対応」し，それが全ての年齢層にわたる死亡率を「低下」させてきたという社会的な現象であり，この「認識（Recognition）／対応（Reaction）／低下（Reduction）」というパターンは，様々な時代の，また，感染症，心臓血管病，ガン，自動車事故等の様々な死因に関する死亡率低下のプロセスを適切に特徴づけるものとして，死亡率低下に関する「トリプル R 理論」と呼ぶことを提唱している。このように，我々が重視する取組みの対象は時代によって変化するものの，認識された対象への対応を行って死亡率を低下させるという構造は将来も変わることはないことから，今後も一定程度の寿命延伸が期待される状況下において，その将来推計には投影手法が望ましいということができる。

第2節　寿命の限界と将来推計

（1）生存数曲線の矩形化と寿命の限界

　トリプルR理論により死亡率低下に安定性があるとしても，仮に寿命に一定の限界があって，そこで寿命延伸が止まってしまうのであれば，Extrapolationによる死亡率推計は必ずしも好ましい方法とはいえないことなる。このような人類の平均寿命や最長寿命がどこまで延びうるのかという「寿命の限界」に関しては，これまで専門家の間でも様々な議論が行われてきた。Fries（1980）は，最高死亡年齢などが変化をしていないことから最長寿命には限界があること，一方，それまでの平均寿命の延伸は新生児死亡などの早期死亡率の低下によるものであり，高齢死亡率の改善は見られないことから生存数曲線が矩形化してきており，これが続けば平均寿命も限界に達すると論じた。

　このような議論をWilmoth（1997）は，（1）生存期間の限界仮説，（2）死亡分布集中化・生存数曲線矩形化仮説，（3）分布の限界仮説の3仮説に定式化し，それぞれの問題点を論じている。最長寿命に関する（1）の仮説については，スウェーデンの長期にわたる最高死亡年齢の推移が確実に上昇傾向にあること，特に1970年頃からこれが加速度的に延びており，Fries（1980）が論拠とした最高死亡年齢の変化が見られないという主張については問題があるとしている（Wilmoth *et al.* 2000）。また，平均寿命の限界に関わる（2），（3）について，（2）については19世紀から20世紀前半にかけては疫学的転換による若年死亡率低下が先進諸国の寿命延伸に寄与したが，最近では中高年死亡率低下の寄与が顕著となっており矩形化の傾向が続いているとは必ずしもいえないこと，また，（3）については，もし死亡率が限界に近づいているとすればその改善速度が落ちてきていると考えるのが自然であるが，欧州や日本の1950〜1980年代のデータを見ると高齢死亡率改善は速まっており，死亡率が一定の下限に近づいているという主張を裏付ける人口学的な事実は見られていないと論じている。

　図9-1は，日本版死亡データベース（国立社会保障・人口問題研究所）によ

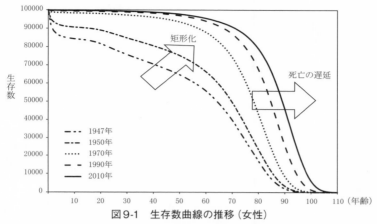

図9-1　生存数曲線の推移（女性）

（資料）　国立社会保障・人口問題研究所「日本版死亡データベース」.

る，わが国女性の生存数曲線の推移を示したものである。これによると，1970
年以前には長期的に見てわが国においても生存数曲線の矩形化が進んできたこ
とがわかる。しかしながら，それ以降を見ると矩形化の動きは弱まり，生存数
曲線の高齢部分が右側へシフトするような，「死亡の遅延」とでも呼ぶべき動き
によって死亡率改善が起きるようになってきていることが観察される。

　このように，近年，最長寿命や平均寿命に関する限界はない，あるいは存在
するかもしれないが，現時点でまだ我々の目に入る範囲にはないのではないか
という説を裏付ける証拠が多く提示されるようになってきた。もちろん，これ
らは寿命の限界の有無に決着をつけるものではないが，少なくとも現時点で人
類の寿命は限界に達したとはいえず，今後も一定程度延びていくと考えるのが
自然であろう。

（2）平均寿命伸長のペース

　人類の寿命が今後も一定程度延びていくとしても，平均寿命伸長のペースは
どうなるのだろうか。Oeppen and Vaupel（2002）は，女性の各年における最長
平均寿命が，過去160年間毎年およそ0.25年のペースで直線的に上昇し続けて

きているというデータを示し，これまで多くの専門家が平均寿命は限界に近づいていると考え，国や公的機関の将来推計においてもそれを前提に平均寿命の延びのペースが緩やかになるとしてきたのに対し，最長平均寿命の実績値はそのような限界を打ち破って延びを続けており，将来推計もこのような実績値の動向に基づいて行うべきだと主張した。

この論文は，平均寿命が限界に近づいているという主張が，これまでのデータから疑われることを示した点で多くの注目を浴びたが，一方で，このような平均寿命の直線的改善傾向が今後も長期的に続くとして将来推計を行うことについては問題点も指摘されてきた。

Vallin and Meslé（2009）は，Oeppen and Vaupel（2002）が示したデータを再検討し，問題があると考えられるデータを修正した上で，より長期にわたる1750 年以降の最長平均寿命の動向を見直し，この間の動向は Oeppen and Vaupel が主張したような一本の直線で表すよりも，傾きが異なる 4 本の線分によって表す方が現実的であるとした。彼らによれば，まず，1750～1790 年は最長平均寿命が停滞していた時期であり，ほとんど延びはなかった。次の 1790～1885 年は，最初の感染症死亡率低下により，最長平均寿命は 95 年間に 12 年と一年当たり 0.12 年のペースで延びた。1885～1960 年には感染症に対する新たな対策の進展によって改善が加速し，75 年間に 24 年と一年当たり 0.33 年で延びた。一方，1960 年以降，感染症死亡の低下は平均寿命伸長の中心的役割からは外れ，現代的ライフスタイルのネガティヴな影響が大きくなってきた。しかし，これらの影響も心血管系疾患による死亡率低下により相殺され，平均寿命伸長は継続することとなった。ただし，このような形での死亡率改善は成人期や老年期における死亡率を低下させることから，平均寿命の伸長という観点ではその影響は弱いものとならざるを得ない。したがって，1960～2005 年の 45 年間には，死亡率の改善自体は引き続き顕著であるにも関わらず，平均寿命としての延びは 9 年間と一年あたり 0.20 年に留まったのである。このように，平均寿命の歴史的推移を傾きが異なる 4 本の線分によって表すことは，死亡率改善の中心となる年齢層の変化の影響を考慮している点でより現実的なものであること，ま

た，今後，長寿化に関する新たなブレークスルーがあるとしても，それはさらに高齢層での死亡率改善に基づくものであり，平均寿命改善のペースはより緩やかなものとならざるを得ないことから，Oeppen and Vaupel が主張した，1840～2000 年の平均寿命の推移を一本の直線で表し，さらにこれが将来に向けても長期的に継続していくとの見方は楽観的すぎるものである，としている。

The 100-year Life（Gratton and Scott 2016）という書籍の中で，「日本で 2007 年に生まれた赤ちゃんは 50％の確率で 107 歳まで生きる」という記述があり，わが国でも話題となった。この記述の根拠となっているのは，Vaupel も共著者に名を連ねている Christensen *et al.*（2009）による推計であるが，これは Oeppen and Vaupel（2002）の主張をベースとし，50 歳未満の死亡率は固定しつつ，50 歳以上の死亡率について，「平均寿命が毎年 0.2 年ずつ直線的に延び続ける」ことを仮定して作成されている。しかしながら，Vallin and Meslé の精緻な観察に基づく主張に鑑みれば，これはやはり楽観的に過ぎるものと考えざるを得ないであろう。

総人口の推移に関数を当てはめるだけでは実際の人口動向をトレースできないのと同様に，単純に平均寿命の推移に直線を当てはめるだけでは死亡率の年齢パターンの変化などの構造を捉えた将来投影を行うことはできない。実際の将来死亡率推計にあたっては，これまでの死亡率改善動向を年齢パターン変化も含めて精密に観察し，効率的なモデリングによって安定的な構造を見出した上で，これを将来に向けて投影するような方法論の開発が重要となる。次節ではこの方法論について述べる。

第 3 節　将来死亡率推計の方法

国立社会保障・人口問題研究所が行う公的将来人口推計における将来死亡率推計の方法論は，時代とともに変化をしてきた。そこで，ここではこの公的将来人口推計での死亡率推計の変遷に沿いながら，その方法論について述べるこ

ととしたい。

(1) 最良生命表

　最良生命表とは，諸外国の生命表や都道府県の生命表など，既存の複数の生命表の年齢別死亡率から最も低い値をつなぎ合わせて作成した生命表である。

　戦後間もない頃，わが国の平均寿命は他の先進諸国に比べて低い地位にあり，昭和51年推計以前は他の先進諸国の最善の死亡率を参考とする「最良生命表方式」を採用していた。この方法は，他により高い平均寿命を有する国などが多くある場合には，実際に実現されている死亡率を参考に将来の目標値を設定して，そこへ向かう形での将来推計ができることから有効な手法となる。しかしながら，わが国の平均寿命は急速に伸長し，1980年頃には先進諸国の中でもトップレベルに到達したことから，他の先進諸国の死亡率を参照する最良生命表方式による将来推計を行うことができなくなってしまった。そして，これ以降，わが国の死亡率推計は，世界でも経験のない未知の領域へと進み続ける長寿化の将来を推計するという困難な課題となったのである。

(2) 死因別推計とその問題点

　他の先進諸国のような外的な基準の参照による推計が難しくなった後に採用されたのが，死亡の内部構造の変化に着目する死因別推計であった。わが国の公的将来人口推計では，昭和61年推計，平成4年推計，平成9年推計において用いられた手法である。日本では，第二次大戦直後までは感染症死亡率の改善を中心とする若年死亡率の低下が顕著であったが，1970年頃より，脳血管疾患の死亡率の低下などによって高齢死亡率の改善が進み，死因構造に大きな変化がもたらされた。特にこの当時，わが国では，第二次対戦直後の結核などの感染症死亡率の低下に引き続き，脳血管疾患死亡率の低下による高年齢死亡率の低下が起きていた時期であり，このような死因別死亡の変化が顕著な時期でもあった。

　第5章において見た通り，死亡分析において死因は重要な要素である。しか

しながら，死因別に将来推計を行うことについては，

　　①死因間の相互依存関係を表現することが困難であるという理論的側面

　　②死因分類の変更による死因系列の不連続性という実務的側面
の両面からの問題が存在することが多くの先行研究等において指摘されている。

　①の「死因間の相互依存関係の表現の困難性」という理論的問題点の存在によって，死因別推計では，しばしば死因ごとに独立に推計を行って，これを統合することにより全体の将来推計を行うことが多い。しかしながら，Wilmoth (1995) は，このように各死因を独立に推計して統合すると，死亡率改善を過小評価するという研究を報告した。これは直観的には以下のようなメカニズムに基づいている。死因別に推計を行ってこれを統合した時，全体の死因の中でシェアが大きくなっていくのは，推計を行う時点までに最も改善が遅い死因や死亡率が上昇している死因である。しかしながら，先述のトリプル R 理論によれば，このようにシェアが増加した死因は死亡率を下げるべき新たなターゲットとして認識され，対応が図られるようになることから，その死亡率の動向はこれまでの趨勢を将来に向けて投影したものよりも低くなるはずである。これが，死因別死亡率推計を行うと死亡率改善を過小評価してしまう要因である。

　図9-2 は平成 29 年推計の審議を行った第 17 回社会保障審議会人口部会資料（社会保障審議会人口部会　2016）の中で，死因別将来推計を採用していた平成 4 年推計における脳血管疾患と悪性新生物の将来推計値とその後の実績値を比較したものである。

　実績値で減少傾向にあった脳血管疾患の死亡率については，この趨勢を将来投影した推計値と実績値は概ね同様の傾向を示している。一方，悪性新生物については，実績値では緩やかな増加傾向があったことからこれを補外投影する形で推計が行われているものの，実際には，脳血管疾患死亡率の低下によって悪性新生物死亡のシェアが大きくなり，これが新たなターゲットとして認識されてがん対策などの対応が図られることとなって，実績値から導かれるトレンドとは異なり，死亡率は減少に転じたのである。このような死因別死亡率のトレンドを実績値から投影手法によって導くことは困難であることが理解されよう。

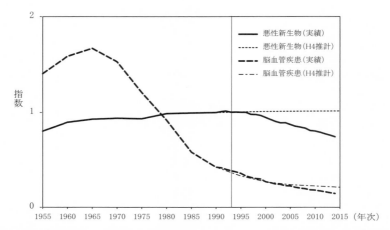

図9-2　年齢調整死亡率（男性）の推移と見通し（1990年の悪性新生物を1とした指数）

（資料）第17回社会保障審議会人口部会資料.
（注）年齢調整死亡率は, 1990年人口（男性）を標準人口とし, 1990年以前の実績値及び推計値は「日本の将来推計人口（平成4年9月推計）」による. 1991年以降の実績値については, 厚生労働省「人口動態統計」等に基づき, 1990年人口（男性）を標準人口として算定. ただし, 1994年以前と1995年以降では, 死因分類の改定に伴う数値の不連続性が顕著なことから, 1990〜1994年の平均伸び率を1994年の値に乗じて1995年の推定値を算出し, 以降, 1995年からの増減率を1995年推定値に乗じることにより1996年以降の実績値を算出した.

　また, ②の死因統計分類の改定も実務的には大きな問題となる. 投影を行うにあたっては, 投影期間になるべく近い長さの実績値を基礎データとして用いることが望ましい. しかしながら, ICDの改定は10〜20年程度で行われてきており, 公的将来推計で必要とされる50年程度の期間を取ると, その中にICD改定が含まれる可能性は大きく, 改定によってしばしば分類が不連続となることから死因別推計を行うことが困難となるのである. 特に, 日本のICD-10の導入時には死亡診断書の改定が同時に行われ, これにより心不全死亡率等に関する不連続性が発生しているという問題もあり, これもわが国において死因別推計を採用することを困難なものとしている理由となっている.

　このような背景から, わが国の平成14年推計以降の将来推計では死因別には推計を行わず, 全死因による死亡による推計を行っている. 一方で, イギリスの死亡率推計の方法論のレビューを行なったGovernment Actuary's Department

（2001）においても，死因別推計を用いないことを推奨しているなど，現在，国際的に見ても，公的機関などが行う将来推計において死因別推計が用いられることは少なくなっている。このような中，米国社会保障庁が行う将来人口推計における死亡率推計は死因別推計を用いている数少ない例であるが，この将来推計に関する仮定・手法の評価を行う「前提と手法に関するテクニカルパネル」（Technical Panel on Assumption and Methods）による報告書では，死因別推計を用いるべきではないという意見が過去繰り返し出されていることにも注意が必要であろう（Wilmoth 2005）。

(3)　リレーショナル・モデルの応用

　第2章において死亡モデルには大きく分けて数学的関数によるモデル，数表によるモデル，リレーショナル・モデルの3種類があることを述べたが，このリレーショナル・モデルを年次・年齢（階級）別生命表関数に適用することにより将来推計を行うことが可能となる。特に，そこでも述べたリー・カーター・モデルは，死亡の一般的水準の時間変化に応じて年齢別死亡率を記述する将来推計を主な目的として開発されたモデルであり，現在国際機関や各国が行う将来推計において標準的なモデルとして広く用いられている（Lee and Carter 1992）。

$$\log m_{x,t} = a_x + k_t b_x + \epsilon_{x,t}$$

　ここで，$\log m_{x,t}$：対数死亡率，a_x：対数死亡率の標準的な年齢パターン，k_t：死亡水準（死亡指数），b_x：k_tが変化する時の年齢別死亡率の変化，$\epsilon_{x,t}$：平均0の残差項である。

　このリー・カーター・モデルをわが国の死亡率推計に応用した先行研究には様々なものが挙げられる。Wilmoth（1996）は，リー・カーター・モデルを日本の全死因の死亡率に適用し（Method I），これをスウェーデンの死亡率推計の将来トレンドに一致させた推計（Method II）と比較するとともに，死因別死亡率推計（Method III 及び IV）とも比較を行った。Tuljapurkar et al.（2000）はこのモデルをわが国を含む G7 諸国の死亡率推計に適用しその有効性を示した。

小松（2002）はリー・カーター・モデルを利用し，国立社会保障・人口問題研究所の平成 14 年将来人口推計において用いられた死亡モデルの研究・開発にあたった。さらに，小川ほか（2002），南條・吉永（2003），小暮・長谷川（2005），Ozeki（2005），及川（2006）などもわが国への適用としての先行研究に挙げられる。また，リー・カーター・モデルを拡張する研究も，Li and Lee（2005），De Jong and Tickle（2006）など様々なものが存在し，わが国でも Igawa（2013）がリー・カーター・モデルの残差に Vector Autoregressibe（VAR）モデルを適用してリー・カーター・モデルを拡張した LC-VAR モデルを提案した。

　一方，近年，わが国を含むいくつかの先進諸国において，年齢別死亡率改善分布が高齢にシフトしていることが観察されるようになっているが，年齢別の死亡率改善を示す b_x が固定されているリー・カーター・モデルではこのような死亡率改善の表現が難しいという問題点が指摘されている。このため，国連推計（United Nations 2017）では b_x の変化を織り込んだリー・カーター・モデルの拡張モデルを用いている。わが国においても，石井（2008）は，成人死亡率改善を死亡率曲線の高齢側への「シフト」として捉える Bongaarts（2005）のシフティング・ロジスティック・モデルとリー・カーター・モデルを組み合わせることにより，わが国の近年の高齢死亡率改善により適合した死亡率モデルである年齢シフトモデルを提案した。また，石井（2013）は，年齢シフトモデルで採られた死亡率曲線の高齢側への「シフト」というアプローチを発展させ，より一般的な方向への死亡率曲線の変化を表現する数理モデルの概念を用いて，リー・カーター・モデルに線形差分モデルを組み合わせた死亡モデルを提案し

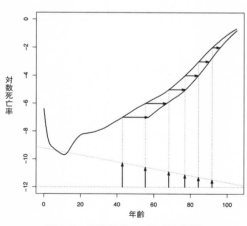

図9-3　線形差分モデル（模式図）

（資料）　筆者作成.

た。これは直近の平成29年推計の死亡率推計の方法論に応用されている。

　線形差分モデルとは，高齢死亡率曲線の横方向へのシフトの差分を年齢の線形関数によって記述するモデルであり，$\tau_{y,t} = f'_t + g'_t x$ で表される。ただし，$\tau_{y,t}$ は年次 t，対数死亡率 y の年齢シフト（差分）であり，f'_t と g'_t はそれぞれ差分を線形関数で表したときの切片と傾きを表す。**図9-3** はこれを模式的に表したものであり，横方向で示された年齢シフトを表す矢印を90度回転させて始点をそろえるとその終点が直線上に並んでいることから，年齢シフトが年齢の線形関数として表されていることがわかる。

　線形差分モデルは死亡率改善をシフトとして捉えることから，高齢死亡率には適用できるが，若年層に適用することはできない。そこで，石井（2013）が提案した数理モデルの概念を用いると，全年齢モデルが構築できる。具体的には，**図9-4** のレキシス対数死亡率曲面上において，接ベクトルとして捉えられるリー・カーター・モデルによる死亡率時間変化 ρ と線形差分モデルによる死亡率時間変化 τ について，中間的な年齢層では ρ と τ の線形結合による接ベクトルによって両者を結ぶことにより，若年層ではリー・カーター・モデルに基づく死亡率変化をしつつ，高齢部分については線形差分モデルに基づく死亡率変化を行うような全年齢モデルを構築するのである。

　このようなモデルを利用することにより，近年のわが国の高齢死亡率改善に見られる「死亡の遅延」という効果の表現にすぐれた将来推計を行うことが可能となる。**図9-5** は年齢別対数死亡率について，実績が存在する直近の数年次を基準とした相対的水準を表したグラフである。実績値のグラフを見ると，死亡率改善の大きい山の部分が次第

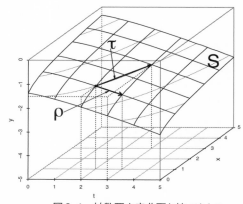

図9-4　対数死亡率曲面と接ベクトル
（資料）　筆者作成.

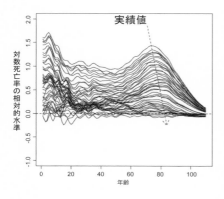

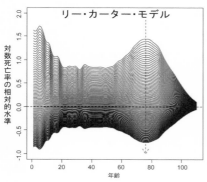

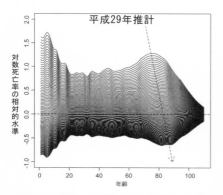

図9-5　年齢別対数死亡率の相対的水準
（資料）　筆者作成.

に高齢の方に移動する「死亡の遅延」効果が観察できる。これをリー・カーター・モデルでモデリングして将来推計を行ったものが中央のグラフであるが，ここでは山の位置の移動は起こらず，「死亡の遅延」効果は表現されていない。一方，平成29年推計で用いられたモデルによれば，実績値の「死亡の遅延」効果が表現されているとともに，この効果が将来に向けて反映されていることが観察できる。したがって，このようなモデルを用いることによって，わが国固有の顕著な高齢死亡率改善の構造に適合した将来推計を行うことが可能となるのである。

このモデルを用いて推計された平成29年推計の死亡中位仮定によれば，2015年に男性で80.75年，女性で86.98年であった平均寿命は，2065年には男性で84.95年，女性で91.35年まで延びる見込みとなっている（図9-6）。特に，高齢期の長期化を示す65歳平均余命で見ると，2015年に男性で19.41年，女性で24.24年だったものが，2065年には男性で22.60年，女性で27.94年まで延びる見込みであり，長くなった高齢期をいかに健康で過ごすことできるかという，国民の健康寿命の延伸は今後ますます重要な課題となろう。

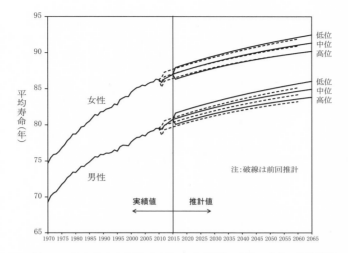

図9-6　平均寿命の推移（平成 29 年推計）：中位・高位・低位推計
（資料）　国立社会保障・人口問題研究所「日本の将来推計人口（平成 29 年推計）」.

おわりに

　本章では，わが国の寿命の将来に関して，人口学における将来推計の考え方，それに関連する寿命の限界や平均寿命伸長のペースに関する様々な見方，そして，公的将来人口推計における方法論について述べた。

　トリプル R 理論により死亡率の将来推計に外挿法が望ましいと論じたウィルモス（2010）では，このような歴史的安定性に基づく投影に対し，楽観的または悲観的な方向で抵抗する議論が持てはやされることがあるとしている。

　例えば，わが国の現在の平均寿命はトップクラスであるが，これについて，現在の高齢者は日本の伝統的な食習慣で育った世代であり，一方で若い層では欧米的な健康的でない食事を中心としていることから，高齢層ほどの寿命が期待できないのではないかという悲観論を耳にすることがある。実は，今から 30 年ほど前，これと全く同じ考え方に基づき，当時の年齢で 30 歳程度より下の年

代の日本人の平均寿命が41年に留まるという，根拠に乏しい説が取り沙汰されたことがあった（西丸1990）。しかし，現実を見ると，その後の30年間，わが国の平均寿命は着実に伸長を続けてきた。また，それらの層の一番上の年代はもうすぐ60歳に到達するところであるが，彼らの死亡率も改善を続けてきており，その平均寿命は41年に留まるどころか，それより上の世代よりも一層長いものとなろう。

　一方で，ウィルモス（2010）は悲観論に比べて楽観論は公的推計に与えた影響は小さかったとしているが，それでも本章で論じたように，平均寿命が直線的に延び続けるというような，死亡率の改善構造を無視した過度に楽観的な見方については問題があるといわざるを得ない。

　人口学的投影手法という考え方に基づいた推計を行うためには，本章で述べたとおり，推計時点までに観測された死亡動向の分析に基づき，効率的なモデリングを通じて安定的な構造を見出すことが必要となる。しかしながら，このような死亡動向は当然のことながら時代によっても変化しうるものであり，例えば，推計の事後，推計時点における趨勢の延長から導き得ない構造変化が起きることは十分に考えられる。しかしながら，未来は不確定であって，そのような構造変化を科学的かつ定量的に事前に予想することはできない。このような構造変化への科学的な対応は，各時点での推計は投影手法に忠実に実行し，時間の経過に伴って新たな死亡動向が得られた時，その傾向を反映させた新たな投影を行って，定期的に将来推計の見直しをしていくことである。

　しかしながら，将来推計がこのようなあり方であるからこそ，推計モデルの作成にあたっては，その時々の死亡動向を分析し，そこから見出される新たな傾向をいち早く的確に捉えて表現する専門的な技術が極めて重要となる。そして「死亡の遅延」というメカニズムをモデルに反映させる方法論を開発したように，先進的な方法論を採り入れることのみならず，死亡動向に関する実体人口学的な基礎理論の徹底した検討も必要である。すなわち，将来推計を行うためには，その基礎となる死亡動向に関する総合的な知見を深めることが何よりも重要なのである。

　20世紀後半に著しい延伸を遂げ，現在，国際的にトップクラスの水準であるとともに，今後もさらなる延伸が見込まれるわが国特有の死亡動向は諸外国からも高い関心が寄せられているが，その要因などについては必ずしもよくわかっていない部分も多く，急速に増加する高齢者によってもたらされる超高齢層の死亡データの活用などを通じた，さらなる分析の可能性が広がりつつある分野でもある。このようなわが国の長寿メカニズムの実体人口学的解明を進めるとともに，死亡モデリングや将来推計など死亡分析に関する方法論の深化を目指し，総合的な死亡研究をさらに発展させていくことが，最長寿国であるわが国に課せられた使命であろう。

参考文献

石井太（2008）「近年のわが国の死亡動向に適合した将来生命表推計モデルの研究——年齢シフトモデルの開発——」『人口問題研究』64(3), pp.28-44.

石井太（2013）「死亡率曲線の自由な方向への変化を表現する数理モデルとわが国の将来生命表への応用」『人口問題研究』69(3), pp.3-26.

ウィルモス，ジョン・R（2010）「人類の寿命伸長：過去，現在，未来」『人口問題研究』66(3), pp.32-39.

及川桂（2006）「将来死亡率推定に関する一考察」『日本アクチュアリー会会報』59(2), pp.1-28.

小川直宏・近藤誠・田村正雄・松倉力也・斎藤智子・Andrew Mason・Shripad Tuljapurkar・Nan Li（2002）『人口・経済・社会保障モデルによる長期展望——人的資本に基づくアプローチ——』，日本大学人口研究所.

国立社会保障・人口問題研究所（2017）「日本の将来推計人口（平成29年推計）」。

国立社会保障・人口問題研究所「日本版死亡データベース」, http://www.ipss.go.jp/p-toukei/JMD/index.html .

小暮厚之・長谷川知弘（2005）「将来生命表と統計モデリング：Lee-Carter法とその拡張——ヒューマンセキュリティへの基盤研究——」『総合政策学ワーキングペーパー』第71号.

小松隆一（2002）「リレーショナル・モデルによる日本の将来生命表作成の試み」『人口問題研究』58(3), pp.3-14.

社会保障審議会人口部会（2016）「資料3 将来人口推計の方法と検証——平成24年推計の仕組みと評価——」第17回社会保障審議会人口部会資料。

南條善治・吉永一彦（2003）「日本の生命表の将来推計の試み——Lee-Carter法に関連して——」『日本人口学会第55回大会報告要旨集』, p.57.

西丸震哉（1990）『41歳寿命説』情報センター出版局.

守泉理恵（2004）「付論 少子化に関する専門家調査の分析——専門家による人口をめぐる将来予測と政策評価——」大淵寛・髙橋重郷編著『少子化の人口学〈人口学ライブラリー1〉』原書房, pp.187-211。

Bongaarts, J. (2005) "Long-range Trends in Adult Mortality: Models and Projection Methods," *Demography*, Vol.42(1), pp.23-49.

Booth, H. and L. Tickle (2008) "Mortality Modelling and Forecasting: A Review of Methods," *Annals of Actuarial Science*, Vol.3(1-2), pp.3-43.

Christensen, K., G. Doblhammer, R. Rau and J. W. Vaupel (2009) "Ageing Populations: The Challenges Ahead," *Lancet*, Vol.374, pp.1196-1208.

De Jong, P. and L. Tickle (2006) "Extending Lee-Carter Mortality Forecasting," *Mathematical Population Studies*, Vol.13(1), pp.1-18.

Government Actuary's Department (2001) *National Population Projections: Review of Methodology for Projecting Mortality*, London: GAD.

Gratton, L. and A. Scott (2016) *The 100-year Life, Living and Working in an Age of Longevity*, Bloomsbury.

Human Mortality Database (www.mortality.org/ www.humanmortality.de), University of California, Berkeley (USA) and Max Planck Institute for Demographic Research (Germany).

Igawa, T. (2013) "Analysis of the Residual Structure of the Lee-Carter Model: The Case of Japanese Mortality," *Asia-Pacific Journal of Risk and Insurance*, Vol.7(2), pp.53-80.

Lee, R. and L. Carter (1992) "Modeling and Forecasting U.S. Mortality," *Journal of the American Statistical Association*, Vol.87(419), pp.659-675.

Li, N. and R. Lee (2005) "Coherent Mortality Forecasts for a Group of Populations: An Extension of the Lee-Carter Method," *Demography*, Vol.42(3), pp.575-594.

Li, Nan and R. Lee and P. Gerland（2013）"Extending the Lee-Carter Method to Model the Rotation of Age Patterns of Mortality Decline for Long-Term Projections," *Demography*, Vol.50（6）, pp.2037-2051.

Oeppen, J. and J. W. Vaupel（2002）"Broken Limits to Life Expectancy," *Science*, Vol.296（5570）, pp.1029-1031.

Ozeki, M.（2005）"Application of Mortality Models to Japan," presented at The Living to 100 and Beyond Symposium.

Tuljapurkar, S., N. Li, and C. Boe（2000）"A Universal Pattern of Mortality Decline in the G7 Countries," *Nature*, Vol.405, pp.789-782.

United Nations（2017）*World Population Prospects: The 2017 Revision*.

Vallin, Jacques and Meslé, France（2009）"The Segmented Trend Line of Highest Life Expectancies," *Population and Development Review,* Vol. 35（1）, pp.159-187

Wilmoth, J. R.（1995）"Are Mortality Projections Always More Pessimistic When Disaggregated by Cause of Death?," *Mathematical Population Studies*, Vol.5, pp.293-319.

Wilmoth, J.R.（1996）"Mortality Projections for Japan," G. Caselli and A. D. Lopez（eds.）, *Health and Mortality among Elderly Populations*, Oxford University Press, pp.266-287.

Wilmoth, J.R.（1997）"In Search of Limits," K. W. Wachter and C. E. Finch（eds.）, *Between Zeus and the Salmon*, National Academy Press, pp.38-64.

Wilmoth, J.R.（2005）"Some Methodological Issues in Mortality Projection, Based on an Analysis of the U.S. Social Security System," *Genus*, Vol.61（1）, pp.179-211.

Wilmoth, J.R., L.J. Deegan, H. Lundström, and S. Horiuchi（2000）"Increase of Maximum Life Span in Sweden, 1861-1999," *Science*, Vol.289, pp.2366-2368.

（石井　太）

索　引

編著者略歴

金子　隆一（かねこ・りゅういち）
一九五六年　東京都生まれ。国立社会保障・人口問題研究所副所長などを経て、現在、明治大学政治経済学部特任教授。主著『新時代からの挑戦状』（共著、厚生労働統計協会）、『日本の人口動向とこれからの社会』（分担執筆、東京大学出版会）、『ポスト人口転換期の日本』（共編著、原書房）、『人口減少と日本経済』（分担執筆、日本経済新聞出版社）ほか。

石井　太（いしい・ふとし）
一九六六年　東京都生まれ。慶應義塾大学経済学部教授。主著『ポスト人口転換期の日本』（分担執筆、原書房）、『日本の人口動向とこれからの社会──人口潮流が変える日本と世界』（分担執筆、東京大学出版会）、『現代人口学の射程』（分担執筆、ミネルヴァ書房）ほか。

人口学ライブラリー　21

長寿・健康の人口学

●

2021 年 11 月 15 日　発行

編著者…………金子 隆一，石井 太

発行者…………成瀬雅人

発行所…………株式会社原書房

〒 160-0022 東京都新宿区新宿 1-25-13
電話・代表 03 (3354) 0685
http://www.harashobo.co.jp
振替・00150-6-151594

印刷・製本…………株式会社ルナテック